부산의 고개

아버지의 아버지가 넘고
어머니의 어머니가 넘던
부산의 옛길

고개는 옛길이며 지역의 원형이다. 평지가 귀하던 시절에는 다들 고개를 넘어 다녔다. 고개를 넘어 여기보다 나은 저기로 나아갔고 오늘보다 나은 내일로 나아갔다. 고갯길 굽이굽이 아버지의 아버지가 다니면서 딴딴해졌고 어머니의 어머니가 다니면서 딴딴해졌다.

고개가 본래의 모습에서 멀어진 지 오래다. 평지가 되거나 터널이 들어섰다. 지역의 원형이 상실됐거나 상실된다는 이야기다. 원형의 상실은 추억의 상실로 이어진다. 본래의 모습에서 더 멀어지기 전에 고개는 기록돼야 하고 기억돼야 한다.

부산은 광역 대도시라서 변화의 속도가 빨랐다. 그러면서 원형에서 멀어졌다. 원형의 복원은 요원하다. 그나마 남은 고개에서 위안을 얻는다. 남은 고개는 의외로 많다. 우리의 짐작보다 몇 곱절은 많은 고개가 부산 곳곳에서 제 몫을 해낸다.

<부산의 고개>를 낸다. 부산이 원형에서 더 멀어지기 전에 아버지의 아버지가 넘고 어머니의 어머니가 넘던 부산의 옛길을 남겨두자는 마음이다. 해안을 끼고서 새로운 길이 속속 들어서는 부산. 부산은 새로운 길이 많지만 아버지의 아버지가 다니고 어머니의 어머니가 다니던 옛길은 여전히 많다. 옛길을 품은 안태본, 거기가 부산의 고개다.

2022년 초겨울

동길산

차례

아버지의 아버지가 넘고
어머니의 어머니가 넘던
부산의 옛길

부산의 고개

펴낸 날   2022년 11월 25일 초판 1쇄
지은이   **동길산**
사진   **박정화**

펴낸 곳   **비온후** www.beonwhobook.com
펴낸이   **김철진**

제작   **삼원디엔피**

ISBN 978-89-90969-51-4 03090

책값 16,000원

• 2022년 부산광역시, 부산정보산업진흥원 출판 제작 지원으로 제작되었습니다.

부산의 고개

동길산 쓰다

우암 장고개

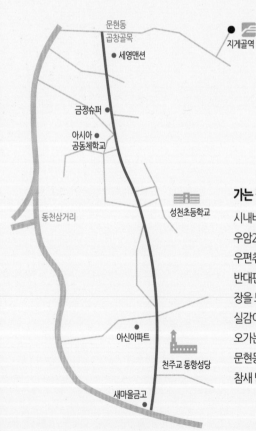

가는 길

시내버스 23, 26, 68, 134, 168, 138-1번을 타고
우암2동 남부중앙새마을금고 정류소에서 내리면 된다.
우편취급국 옆 오르막길이 장고개 시작이다.
반대편인 도시철도 2호선 지게골역쯤에서 가도 되지만
장을 보러 넘던 고개인 만큼 우암동 쪽에서 걸어야
실감이 난다. 대연동 못골시장과 도시철도 범일역을
오가는 남구 3번 마을버스는 장고개를 경유한다.
문현동 곱창골목은 장고개 고갯길에서 만나는
참새 방앗간이다.

고개는 가파르다. 넘으려면 진이 다 빠진다. 가팔라도 넘었던 이유는 분명했다. 길이 그거뿐이거나 지름길이었고 고개를 넘을 만한 가치가 고개 너머에 있었다. 그랬다. 고개를 넘으면 학교가 있었고 친정이 있었고 시장이 있었다. 고개를 넘으며 누구는 여기보다 나은 저기를 소망했고 누구는 오늘보다 나은 내일을 소망했다.

장고개는 시장 고개다. 시장 가려고 넘던 고개가 장고개다. 전국 곳곳에 있었다. 해운대 장고개, 기장 장고개, 강서 장고개 등 부산 곳곳에도 있었다. 남구에는 용당 장고개와 우암 장고개 두 군데였다. 용당 장고개는 용당에서 시작해 감만동, 우암 장고개로 이어지던 산길이었다. 일부가 1983년 부산 개방대 부지로 편입하면서 고갯길은 점차 흐릿해졌다. 개방대와 부산 수산대는 1996년 부경대로 통합했다. 개방대 자리에는 현재 부경대 용당 캠퍼스가 들어섰다.

'이 고갯길은 우암동, 감만동, 용호동 사람들이 부산장에 장 보러 갈 때 넘던 고개였다.' 우암동과 문현동을 잇는 우암 장고개는 지금도 남아 있다. 고개 넘어서 가려고 했던 시장은 어딜까. 고개 꼭대기 고갯마루에 세운 안내판이 궁금증을 풀어준다. 부산장이었다. 부산장은 규모가 대단했다. 자성대 범일동에서 좌천동 일신여학교 코앞까지 장이 섰다. 장고개를 넘으면 문현동 동천이 나왔고 동천 건너편이 장터였다. 안내판은 높다란 상경 전원맨션 입구에 있어 찾기 쉽다.

"두어 사람 지나는 좁은 오솔길이었지. 길 한쪽은 초가집 예닐곱 채가 있었고 다른 한쪽엔 돌담이 있었고." 고갯마루엔 안내판 말고도 눈여겨볼

게 있다. 안내판 맞은편 돌담이다. 장고개에 도로가 생긴 것은 30여 년 전
이다. 도로가 생기면서 돌담은 죄다 허물어졌지만 고갯마루에 좀 남아 있
다며 귀가 번쩍 틔는 얘기를 들려준 이는 일흔다섯 최 선생이었다. 함경도
흥남 피란민 최 선생은 '60년은 더' 우암동에 살았고 허구한 날 다녀서 장
고개라면 모르는 게 없다.

우암 장고개(문현 방향)

최 선생을 만난 건 순전히 우연이었다. 우암동에서 장고개를 오르다가 '수출소 검역소 옛터'란 네모반듯한 표지석 앞에서 걸음을 멈추었다. 옛터 자리에 들어선 '우암동어르신행복일터 공동작업장'에 무턱대고 들어가 장고개가 어디냐고 여쭈었고, 그렇게 해서 말문을 텄다. 장고개 오솔길은 도로가 나면서 원형을 잃었다. 초가집을 끼고 졸졸 흐르던 개울은 덮였고, 돌담마저 허물어져서 남은 담벼락은 달랑 삼사십 미터 정도다. 그래도 그때 그 돌담 그대로여서 오며 가며 옛 기억을 반추한다.

장고개로, 장고개흑염소, 장고개보리밥. 오솔길은 마을버스가 다닐 정도로 훤해졌다. 퍼질러 앉아 땀을 식혔을 고갯마루엔 슈퍼며 식당이며 점포가 널렸다. 여기가 구불구불 고갯길이었던가 싶을 정도로 정경은 바뀌었어도 장고개는 도로명이나 점포 상호로 새겨져 남아있다. 근동의 지인이 이리로 모여들어 안부 묻고 소식 전하던 그 시절, 우암 장고개는 교류의 고개였고 교감의 고개였다.

"한 20분 걸었지." 이북 실향민 최 선생이 오솔길 장고개를 넘어 문현동 큰길에 닿던 시간은 20분 남짓이다. 고개 초입 내호냉면 아낙은 '5분이면 간다'고 큰소리를 탕탕 쳤지만 그건 어디까지나 우암동에서 출발한 덕분이다. 용당이나 안내판에 쓰인 대로 용호동 사람에겐 굽이굽이 고갯길을 넘어 마지막으로 맞닥뜨리는 오르막이 우암 장고개였다. 진은 빠졌어도 이 고개 하나만 넘으면 장터였기에 고갯길 어딘가 있었다는 샘물로 목을 축이며, 느슨해진 허리춤을 추스르며 한걸음 한걸음 나아갔다.

누군들 그러지 않을까. 지칠 대로 지쳐도 나아가야 할 길이 있고 지칠 대로 지쳐도 나아가게 하는 힘이 있다. 그리하여 마침내 가파른 길의 끝자락에 섰을 우리의 아버지의 아버지, 어머니의 어머니! 확 트인 풍광은 얼마나 시원했을 것이며 민물과 짠물 어우러진 동천 바람은 또 얼마나 시원했을 것인가.

우암 장고개는 <해동지도>와 <대동여지도>, <지승>같은 18세기 조선시대 지도에 또렷하게 나온다. 지도에는 길이 붉은 실선으로 표시되어 있다. 동래에서 부산진으로 가는 길은 둘뿐이다. 하나는 온천천 세병교를 지나 양정을 거치는 길이고 다른 하나는 온천천 이섭교를 지나 배산, 수영, 그리고 우암과 용당을 아우르는 우룡산에 난 고갯길, 지금의 우암 장고개를 넘는 길이다.

지금이 21세기니 300년 전 이미 우룡산 고갯길은 있었다. 지도가 그려지기 훨씬 이전에도 길은 나 있었을 것이다. 부산진에 장터가 생기면서 장고개라는 이름을 얻었고 고갯길을 넘어서 여기보다 나은 저기, 오늘보다 나은 내일로 나아갔다. 그 오랜 세월, 대를 이어 밟고 다니느라 장고개 고갯길은 지금도 딴딴하다. 걸음걸음 장딴지에 힘줄이 불끈불끈 선다.

우암 장고개(우암 방향)

우암 장고개 고갯마루에 있는 안내판

우암 장고개 돌담.
재건축 공사로 2021년 헐렸다.

좀더 알아봅시다 / 부산장의 역사

골목골목 부산장 길 못 찾아 못 보고

'골목골목 부산장 길 못 찾아 못 보고.' 부산시장 장타령 한 구절이다. 하단장은 추워서 못 보고 명지장은 포구가 없어 못 보고 구포장은 허리가 아파서 못 보고 부산장釜山場 은 길을 못 찾아 못 본다고 타령한다. 부산장이 그만큼 넓었다는 이야기다. 범일동과 좌천동 일대에 서던 오일장이 부산장이었다. 4일과 9일에 장이 섰다. 동구청 홈페이지 '1907년경 부산진시장' 사진은 당시 장터 풍경을 보여준다.

부창釜倉. 18세기 조선시대 지도에 나오는 지명이다. 부창은 나라가 관리하던 곡식 창고였다. 왜관 일본인에게 제공하는 공작미公作米 를 주로 보관했다. 자연스럽게 부창 주위로 상인이 모여들었고 장터가 형성되었을 것이다. 지도에는 부창과 부산진성이 나란히 있다. 옛 시장은 열에 아홉 관공서를 끼고 섰다. 유동인구가 많아서이기도 했지만 도난과 분쟁, 싸움 같은 불상사에 대처하는데 수월했다. 동래시장은 동래부 동헌을 꼈고, 부산장은 수군 부대인 부산진성을 꼈다. 부산이 개항하면서 부산장은 확 바뀌었다. 곡물과 수공업품 장터에서 분粉 ·거울·가위 같은 신상 각축장으로 변신했다. 채소·과일·어물 가게도 끼어들었다. 중국

1700년대 중반 지도 〈지승〉 (규장각)

1905년경 부산 동구 부산진시장 ⓒ부경근대사료연구소

비단이 들어오면서 오늘날 혼수 전문시장의 싹이 텄다. 지척에 들어선 당대 조선
최대의 공장 조선방직은 결혼 적령기 여공이 넘쳐났다. 혼수시장으로 승승장구
한 비결이리라. 일제강점기엔 일본인 거주지역 부평시장이 번창하면서 주춤했지
만 고개를 넘고 넘어 찾아가는 조선의 시장, 부산의 시장은 부산장이었다.

초읍고개

금용산

초읍고개 정류소
(부산진구17)

부산광역시립
시민도서관

월
드
컵
대
로

초읍한신아파트

삼성밀면

초읍교회

백양어린이공원

이마트24

초읍초등학교

가는 길

시내버스 33, 44, 63, 83-1, 103번을 타고 초읍초등학교에서 내리면 된다.
초읍교회·초읍어린이집 쪽으로 들어가 이마트24 슈퍼 갈림길에서 왼쪽,
삼성밀면에서 오른쪽, 어린이놀이터에서 곧장 오를 것.
풍년슈퍼를 지나 왼쪽 오르막이 끝나는 지점에 초읍고개가 나온다.
도시철도 동래역과 초읍대진아파트를 오가는 부산진 17번 마을버스는
초읍고개를 경유한다.

"원래는 폭 1m 오솔길이었어. 해방되고 나서 소 구루마 다니는 황톳길로 바뀌었지. 4m 정도로 넓어졌고." 김정태 선생은 올해 여든다섯이다. 군대 말고는 고향을 떠나본 적이 없는 부산진구 초읍동 토박이다. 스물다섯 무렵 통틀어 세 명뿐이던 통장을 맡은 이래 청년회 간부, 새마을 지도자, 산화경방원 대장 등등 고향 일이라면 소매를 걷고 나섰다. 그런 만큼 누구보다 초읍을 잘 안다.

초읍에서 사직운동장으로 이어지는 초읍고개 역시 잘 안다. 손바닥 손금이다. 젊어서는 동네 친구와 어울려 고개를 넘었다. 고개를 넘으면 동래가 나왔고, 온천장에 목욕하러 갈 때도 고개를 넘었다. 동래시장에 장 보러 다니는 사람도 꽤 있었다. 사오십 분 걸으면 큰길이 나왔다. 거제리 조선견직 쪽으로도 길이 나 있었다. 길은 좁았다. 소가 끄는 구루마 하나가 겨우 지나다녔다. 길 양쪽은 산비탈이었다. 산과 산 사이 움푹 파인 길이라서 폭이 좁았다. 해방 이전에는 훨씬 좁았다. 구루마도 다니지 못하는 오솔길이었다.

"농사짓는 사람들 구루마 다니게 하려고 길을 넓혔지. 우리 땅도 많이 들어갔어." 해방되고 일본인이 물러가자 일을 벌였다. 지게 하나 겨우 지나던 길, 넓힐 필요는 진작부터 있었다. 고개 너머 농토가 있는 지주들을 상대로 선친이 설득했다. 지주들은 호응했고 선친은 땅을 적잖이 내놓았다. 농사짓던 마을의 청장년이 마음을 모았다. 자발적으로 참여했다. 머슴도 가세했다. 일본인이 물러간 새 세상이었다. 새 시대 새 희망으로 진일보 또 진일보했다.

오로지 사람의 힘이었다. 곡괭이로 오솔길 양옆 산비탈을 쪼았고 삽으로 펐다. 넓어진 길만큼 구루마가 들어가서 흙을 실어 날랐다. 길 양쪽 산은 가팔랐지만 구루마가 지나다닐 만큼은 넓혀 나갔다. 그래서 나온 게 4m 너비의 황톳길이었다. 소달구지가 딱 한 대 다니는 길이었다. 달구지끼리 맞닥뜨리면 한 대는 옆으로 세우다시피 해서 비켜 줬다. 그때만 해도 지금처럼 차가 다니리라고 짐작조차 못 했다.

"바람이 굉장히 세서 바람고개라 했지. 바람공장 지으면 돈 벌겠다는 농담하며 지나다녔어." 고개 너머는 전부 논이었고 밭이었다. 농사짓는 사람이 주로 고개를 이용했다. 연지동이나 서면 살던 사람도 곧잘 이용했다. 걸어서 동래로 갈 때는 초읍고개를 선호했다. 서면에서 양정을 거쳐 동래

초읍고개 도로공사 당시(1970년대 초). 왼쪽에 보이는 큰 소나무를 기억하는 토박이가 많다.

로 가는 전차가 있었지만 돈을 아끼기 위해 엔간하면 걸어 다녔다. 고개가 나지막하고 대체로 반듯한 편이라 걷기가 수월했다.

길은 반듯했다. 고갯마루에서 보면 누가 올라오는지 훤히 보였다. 고갯마루 한쪽에 큰 소나무가 있었고 소나무 그늘에 들면 그리 시원했다. 그때 그 소나무는 초읍고개 도로공사 사진으로 남아 있다. 신령스럽다고 믿어 공사 막판에야 베었다. 소나무 아래는 묘 두 쌍이 있었다. 초읍고개에는 묘지가 많았다. 문 씨 문중 묘지를 비롯해 여기저기 선영이었고 산소였다. 동네가 아담해 예쁘고 살기 좋던 '풀골' 초읍은 예부터 집성촌이었다. 문 씨를 비롯해 손 씨, 서 씨, 김 씨 등이 집성을 이루었다.

동래에서도 초읍고개를 넘어왔다. 고개를 넘어와 한신아파트 옆 오솔길로

2020년 현재 초읍고개 전경. 버스 정류소 명칭이 '초읍고개'다.

내려갔다. 지금은 고개를 넘으면 곧장 시민도서관이지만 도로가 나기 전에는 도서관쯤에서 길이 끊겼다. 논밭 천지였다. 한신아파트 오솔길로 내려가야 길이 나왔다. 길이라고 할 것도 없었다. 온통 논이었다. 인가는 멀찍이 떨어져 있었다. 초읍못이라 불린 저수지가 있었고 저수지 둑길로 구루마가 다녔다. 둑길을 지나고 논길을 지나면 미군 부대가 나왔다. 부대 담벼락 길을 따라서 부전시장으로 갔고 서면으로 갔다. 초읍못은 1965년 부산진고교 앞산을 헐어서 나온 흙으로 매립해 시장과 주택이 들어섰다.

초읍동 전기가설기념비를 가리키는 초읍본동 토박이 여든다섯 김정태 선생

"되게 까부막졌어." 토박이답게 김정태 선생은 사투리를 툭툭 건넨다. 구수하다. 한신아파트 오솔길은 현재 포장은 됐어도 되게 가파르다. 올라가는 걸음도 내려가는 걸음도 땀이 밴다. 그런 길을 김 선생은 '까부막졌다'라는 토박이말로 꼬신내를 풍긴다. 까부막진 길은 풍년슈퍼를 거쳐 놀이터인 백양어린이공원을 지나 삼성밀면을 지나 부산다문화어울림협회를 지나 큰길로 이어진다. 큰길을 따라 내려가면 오른쪽에 초읍동새마을금고가 나온다. 새마을금고를 지날 때는 눈을 크게 떠야 한다. 도로변 화단에 귀하디귀한 기념비가 옴팡지게 서 있다.

'초읍동 전기가설기념비.' 기념비의 명칭이다. 초읍동에 전기가 처음 들어온 것을 기념해 1953년 세운 비석이다. 한국전쟁이 사그라들던 무렵이다. 부산에 전기가 안 들어오는 데는 없지만 전기가 들어온 것을 기념해 세운 비석은 여기 말고는 보이지 않으므로 귀한 대접을 받아야 마땅하다. 이 비석 역시 초읍고개와 관련이 있다. 어쩌면 초읍고개가 있었기에 초읍동에 전기가 들어왔는지도 모른다.

"6·25전쟁 나고 돈 찍어내던 한국조폐공사가 동래로 옮겨왔어. 한국은행도 따라오고." 전기가설기념비 측면에는 공로자 세 사람의 이름이 나온다. 이상신, 손덕기, 김종필이다. 모두 초읍 주민이다. 그런데 특별공로자를 따로 새겼다. 한국은행이 특별공로자다. 생뚱맞다. 한전도 아니고 한은이 왜? 앞뒤 맥락은 닿지 않지만 그럴 만한 내력이 있다.

1950년 전쟁이 터졌다. 한국은행이 부산으로 피란 왔다. 한 집에 방 서넛이 셋방 나갈 정도로 초읍은 한국은행 임직원에게 인기가 높았다. 예쁘고 살기 좋은 풀골이지 않던가. 그들은 초읍고개를 넘어 출근했고 퇴근했다.
해방 이전부터 초읍동 숙원이던 '전기 가설'은 아침저녁 초읍고개 신세를
진 한국은행 임직원의 '특별공로'로 마침내 빛을 보았을 공산이 크다.
초읍고개는 1970년대 들어 도로가 났다. 성지곡수원지가 유원지로 지정
되고 어린이회관이 들어서고 하던 그 무렵이었다. 소가 구루마 느릿느릿

끌던 길은 현재 차 쌩쌩 달리는 포장도로가 됐다. 고개를 품었던 산에는 부산시민도서관이 들어섰다. 말 그대로 상전벽해다. 그렇긴 해도 동네 청장년이 순전히 삽과 곡괭이로 길을 넓히며 한 땀 한 땀 나아가던 새 시대 새 희망의 현장, 그 꼭대기에 불어대는 바람은 어지간히도 맵다. 아무리 한겨울이라지만 십 분도 서 있기가 버겁다.

좀더 알아봅시다 / 초읍동 전기가설기념비

"얼씨구,
우리 동네 전기 들어오네"

〈옛 사진으로 보는 서면 이야기〉. 부산진구청에서 2010년 펴낸 사진 자료집이다. 초읍고개 도로공사 하던 사진이며 동천으로 이어지던 당감천, 부전천, 전포천, 가 야천 등의 하천과 주변 사진이 향수를 자아낸다.

자료집 136쪽은 풍경 대신 단체 사진이다. 갓 쓰고 도포 입은 마흔 명 넘는 노인이 보인다. 사진 한가운데 큰 글씨로 쓴 제목은 '초읍전기가설기념.' 제목 아래는 찍 은 날짜와 단체 명칭이 나온다. '서기 1953. 8. 20. 전기가설기성회'다.

초읍동에 전기가 들어온 때는 1953년 6월 10일. 해방 이전부터 전기를 끌어들이려 고 했으나 돈 많이 들어서 못 했고 농토 가진 지주들 반대해서 못 했다. 지주들은 '머슴들이 밤새도록 잠자지 않고 전깃불 밑에서 노름하면 농사일 망친다'며 반대 했다.

이후 동네 유지 중심으로 기성회를 꾸렸다. 백방의 노력 끝에 1953년 6월 10일 마 침내 '입전'했다. '초읍동 전기가설기념비'는 이보다 앞서 세웠다. 1953년 2월 15일 이다. 초읍못 풍광 좋은 곳에 세웠다가 초읍동사무소가 있던 성지지구대 파출소 앞을 거쳐 지금은 초읍동새마을금고 도로변 화단에 있다. 키는 작아도 다부지다.

부산진구 초읍에 전기가 들어온 걸 기념하는 단체 사진(1953년 8월 20일). 초읍 유지와 유공자가 함께했다.
당시 이 지역 국회의원이던 김지태가 한가운데 보인다.

성북고개

가는 길

시내버스 22, 86, 87, 186번을 타고 성북고개에서 내리면 된다.
성북시장, 증산공원, 동구도서관을 둘러보고 계단으로
내려오거나 일망무제 산복도로를 걸어도 좋다.
계단도 도로도 좀 아슬아슬하긴 하다.

옛날 사람은 시원시원했다. 복잡하지 않았다. 지명 짓는 것도 그랬다. 성의 동쪽이면 성동, 서쪽이면 성서였다. 남쪽, 북쪽도 마찬가지였다. 성동 성서 성남 성북. 이들은 다 어디 지명일까. 누구는 서울 성동구를 떠올리고 누구는 경기 성남시를 떠올리겠다. 물론 그것도 맞지만 거기만 있진 않았다. 조선팔도 곳곳에 성이 있었으니 조선팔도 곳곳이 성동 성서 성남 성북이었다.

부산에도 성이 많았다. 부산은 섬나라 왜를 가까이 둔 국경도시였다. 금정산성이 있었고 동래읍성, 좌수영성, 부산진성, 다대진성, 기장읍성 등이 있었다. 따라서 곳곳이 성동 성서 성남 성북이었다. 공식적으로 쓰는 행정지명에선 사라졌어도 그런 지명이 있었다는 흔적은 꽤 남아 있다. 대표적인 게 학교 명칭이다. 성서초등학교, 성동중학교가 그 예다.

성북고개 역시 그런 흔적의 하나다. 성북고개? 부산에 그런 고개가 있었나 갸우뚱대겠지만 천만의 말씀이다. 지금 현재도 엄연히 존재한다. 못 믿겠으면 시내를 달리는 22번 버스 앞머리 전광판을 유심히 보면 된다. 전광판에 '용호동-성북고개' 문구가 수시로 번쩍번쩍 뜬다. 성북고개는 이름만 남은 옛 고개가 아니라 시내버스가 하루에도 여러 수십 차례 다니는 지금 현재의 부산 고개다.

"이번 정류소는 못골시장입니다. 다음은 대연고개입니다." 성북고개 가는 22번 버스 안. 22번은 성북고개 말고도 고개를 두 군데 더 거친다. 안내방송대로 대연고개를 거치고 백운포고개를 거친다. 버스 하나가 세 군데 고개를 경유할 정도니 부산의 고개는 얼마나 많을지. 22번 버스와 노선이

겹치는 87번 버스도 종점이 고개다. 비석마을로 유명한 아미동 까치고개
가 거기다. 부산의 고개는 이렇게 펄펄 살아 숨쉰다.

평지를 벗어나 고갯길 접어들자 버스가 숨을 헐떡인다. 가파르고 구불구
불한 산복도로를 이리 꺾고 저리 꺾으며 안간힘을 쓴다. 내다보는 승객조
차 되다. 성북고개 정류소 닿기 직전 왼편에 카페가 보인다. 아담하다. 2층
은 북카페다. 그런데 상호가 좀 특이하다. 상호에 고개가 들어갔는데 성북
고개카페가 아니라 아리랑고개카페다. 왜 그럴까. 아리랑고개는 성북고개

성북고개 전경. 부산진성의 북쪽 성북고개는 이름만 남은 옛 고개가 아니라 시내버스가 하루에도 여러 수십 차례 다니는
지금 현재의 부산 고개다. 동구 범일동과 좌천동을 아우르는 산복도로에 있다.

다른 이름. '아리랑 아라리요'를 몇 번이나 되뇌며 넘어야 하던 고된 고개
가 여기 성북고개였다.

"말도 마이소. 택시 잡아타고 아리랑고개 가자고 하면 '안 가요! 내려요!'
그랬다니까요." 성북고개 정류소 맞은편은 성북시장. 60년 전통을 표방한
다. <성북생선> 주인아주머니는 1943년생. 이제 쉰인 막내아들 낳고나서
장사를 시작했다. 버스도 숨이 턱턱 차는 이 가파른 고개를 막내는 업고
큰애는 걸리고 고관에서 걸어 다녔고 초량에서 걸어 다녔다. 어쩌다 택시
라도 타면 이내 내려야 했다. '돌빵이' 튀는 고갯길은 택시기사조차 손사래
칠 만큼 험했다.

그때도 버스는 다녔다. 마이크로 86번 '조그마한' 버스가 유일했다. 그나마
도 돈 아끼느라 바쁜 일 아니면 안 탔다. 사람은 넘쳐났다. 고개에서 내려
다보면 교통부 쪽에서 머리가 새카맣게 올라왔다. 고무신공장 다니는 사
람이 그렇게 많았다. 삼화고무, 국제고무, 동양고무 사람들 천지였다. 삼화
고무는 범천동에, 국제고무는 범일동에, 동양고무는 초량에 있을 때였다.
초등학교는 학생이 얼마나 많았던지 오전반, 오후반 나눴고 운동회 역시
두 번 나눠서 했다.

"말도 못 하게 많이 살았어." 생선가게 아주머니 말대로 '새카만 머리가
파도 칠 정도'로 성북고개는 사람이 북적댔다. 성북고개 있는 곳은 산복도
로. 한국전쟁 피란민이 몰려들면서 산복도로가 생겼으니 이곳 주민 대부
분은 이북 실향민이었고 외지인이었다. 그들을 바라보고 고무신공장이 섰
고 시장이 섰으며 그들의 자녀를 바라보고 학교가 섰다. 성북고개는, 그리

북시장은 고난을 딛고 일어선 인간승리의 현장이며 어떠한 고난에도 기어이 일어서는 인간승리의 표상이다.

성북고개는 고개일까 마을일까. 둘 다 맞다. 고개인가 싶으면 마을이고 마을인가 싶으면 고개다. 버스정류소 <남양참기름> 일흔셋 아주머니는 '여(기)가 모두 성북고개'라 그러고 <성북생선> 아주머니는 버스 다니는 길도 시장도 모두 성북고개라 그런다. 그러므로 성북고개는 고갯길보다는 가파른 고개의 끝, 고갯마루 마을의 의미가 강하다. 성북고개는 범일동일까 좌천동일까. 역시 둘 다 맞다. 시장 이쪽 아래는 범일초등학교가 있는 범일동이고 저쪽 아래는 좌천초등학교가 있었던 좌천동이다.

성북고개와 길이 겹치는 '성북전통시장 웹툰 이바구길' 그림지도. 젊은 작가가 재능을 모아 고개며 시장이 동화 나라로 변신했다.

60년 전통을 내세우는 성북고개 성북시장은 고난을 딛고 일어선 인간승리의 현장이다.

'동구 좌천동에 있는 조선시대의 성곽.' 부산시가 운용하는 디지털 백과사전에 실린 부산진성 설명이다. 지금은 부산진성 아들성이라 불리는 자성대만 범일동에 남아 있다. 성북은 좌천동 부산진성 북쪽을 뜻한다. 수군이 지켰던 부산진성은 검붉은 성이다. 임진왜란을 일으킨 왜적에 분연히 맞서면서 흘린 선혈이 성을 적셨다. 좌천동 정공단은 그때 그 선혈을 추모하는 제단이다. 당시 노약자며 아녀자는 피눈물 머금고 뒷산인 증산으로 피신했을 테고 피신처 하나가 성의 북쪽, 여기 성북고개였으리라.

'1960 성북전통시장 웹툰 이바구길.' 성북고개가, 그리고 성북시장이 산뜻해졌다. 젊은 작가가 재능을 모아 고개며 시장이 동화 나라로 변신했다. 시장 아치 상징물이며 점포 간판 하나하나가 작품이다. 북카페와 역사탐방 문화체험장이 생겼고 포토 존과 만화박물관은 볼수록 앙증맞다. 시장 안쪽은 부산에서 가장 고지대이지 싶은 도서관이다. 도서관에서 내려다보는 부산항 풍광은 여기가 도서관인지 전망대인지 헷갈리게 한다. 도서관도 시장을 빼닮아 이쪽은 좌천동이고 저쪽은 범일동이다.

좀더 알아봅시다 / 조선의 지명 작명법

알기 쉽게, 찾기 쉽게

조선시대 마을 이름은 어떻게 지었을까. 유서 깊은 데 말고는 대부분 단순했다. 밤나무가 많다든지 여우가 설친다든지 하는 지역 특성을 보편적으로 내세웠다. 하지만 작명의 대세는 마을 위치였다. 마을의 위치가 동서남북인지 안팎인지 위 아래인지 가늠해 작명했다.

동서남북은 그 중심이 성 또는 강 또는 읍이었다. 성이나 강을 중심에 두고 성동 성서, 강남 강북 등이라 했고 읍을 중심에 두고 동면 서면 남면 북면이라 했다. 안 팎도 그랬다. 읍에 있으면 읍내라 했고 성 바깥에 있으면 성외라 했다. 그러므로 이들 지명은 특정지역 고유명사가 아니라 조선팔도에서 공통으로 쓰던 보통명사 였다.

부산이라고 다르지 않았다. 요즘으로 치면 시청이 있던 동래를 중심으로 동서남 북에 면을 두었다. 물론 지역 특성을 살린 면도 있었다. 그런데 문제가 생겼다. 세 월이 흘러 인구가 늘고 면이 커지자 쪼갤 필요가 생겼다. 1, 2동 분동하듯 분면해 야 했다.

어떻게 했을까. 역시 단순했다. 상하로 나누었다. 동면은 동상면 동하면으로 나누 었고 서면은 서상면 서하면, 남면은 남상면 남하면이 되었다. 그런데 상하로도 모 자라 상중하로 나눠야 할 면이 있었다. 어디였을까. 낙동강 모래사장을 낀 마을 사면 沙面 이었다. 뱃길 덕분에 부촌이 된 사면은 사상면, 사중면, 사하면으로 나 뉘었다. 사상, 사하 지명 유래다.

19세기 초 채색필사본 지도인 〈광여도〉의 동래부 일대. 동서남북 각면(各面)이 보인다. (규장각)

달맞이고개

장산역

중동역

이마트

해운대 sk뷰
아파트

동백초등학교

달맞이
미술의거리

미포오거리

바다내음공원

해운대달맞이길

호텔일루아

아남하이츠

와우산

해월정

문탠로드

가는 길

시내버스 39, 100, 139, 141, 180, 200, 1003번을 타고
미포·문탠로드 입구에서 내리면 된다.
도시철도 2호선 중동역 5번이나 7번 출구로 나와 곧장 가도 된다.
문탠로드는 무슨 뜻일까. 햇빛에 살갗 태우면 선탠, 달빛에 마음 태우면 문탠!

달맞이고개는 벚꽃 길이다. 벚꽃이 펴서 지기까지, 그리고 져서 피기까지 행락객이 넘친다. 누구는 피는 꽃이나 지는 꽃을 보며 지나가고 누구는 피는 잎이나 지는 잎을 보며 지나간다. 꽃 또는 잎이 폈을 때나 꽃도 잎도 졌을 때나 달맞이고개는 한결같다. 한결같이 벚꽃 길이다.

벚꽃은 다 다르다. 다 같아 보여도 다 같은 벚꽃은 하나도 없다. 피는 때와 지는 때가 다르고, 빛깔이며 생긴 게 다 다르다. 연한 꽃잎, 더 연한 꽃잎. 구부린 꽃잎, 더 구부린 꽃잎. 꽃이 맺히는 나뭇가지 높이도 모두 달라서 달맞이고개에는 다 같은 벚꽃이 하나도 없다.

사람 역시 다 다르다. 벚꽃을 눈에 담아 가는 사람, 마음에 담아 가는 사람. 벚꽃만 보는 사람, 벚꽃 너머까지 보는 사람. 벚꽃이 사랑인 사람, 이별인 사람. 꽃도 다 다르고 사람도 다 달라 종내에는 꽃이 사람이고 사람이 꽃인 달맞이고개 벚꽃 길. 달맞이고개는 한결같다. 사람이 꽃이고 꽃이 사람이다.

청사포에서 본 1960년대 달맞이고개 모습 ⓒ청사포 마을전시관

달맞이고개는 언제부터 벚꽃 길이 됐을까. 다른 말로, 언제 벚나무를 심었을까. 달맞이고개가 벚꽃 길이란 걸 모르는 사람은 드물지만 언제부터 벚꽃 길이 되었는지 아는 사람 역시 드물다. 벚나무가 굵직하고 듬직해서 대개는 고갯길 역사만큼이나 오래됐으리라 짐작한다. 과연 그럴까.

짐작과 달리 달맞이고개 벚꽃의 역사는 의외로 짧다. 사십 년이 채 안 된

해운대 달맞이고개 전경. 해운대 미포에서 송정으로 이어지는 달맞이고개는 사람이 꽃이고 꽃이 사람인 벚꽃 길이다. 길이 열다섯 번이나 휘어져 15곡도(曲道)라고도 한다.

다. 1983년 벚나무를 심었으니 2022년 기준 마흔 해가 안 된다. 벚나무는 원래 그렇다. 잘 크고 금방 큰다. 그리고 우아하다. 땅 척박하고 바닷바람 모진 섬나라 일본이 한국 토종 왕벚나무를 개량해 섬나라 곳곳에 퍼뜨린 이유다. 한국 왕벚나무는 일본 벚나무 선조다.

왜 1983년일까. 국토 공원화 사업이 그 무렵 전국적으로 펼쳐졌다. '사천 만 푸른 의지로 아름다운 국토 경관을 이루자'는 구호를 내걸고 전 국토 공원화에 나서던 때가 그때다. 해운대에선 달맞이고개 공원화가 과업이었 다. 구청 공무원이 고갯길에 자연석 쌓고 벚나무를 심었다. 그해 7월 30일 '달맞이동산' 기념비를 고갯길 정상에 세웠다. 기념비는 지금도 당당하다. '이곳을 지나는 길손들이여. 걸음을 멈추어 지난날 힘겨웠던 우리들의 발 자취를 되돌아보고 다시 걸어가야 할 내일의 꿈속에 이 아름다운 동산을 담아 바람과 바다와 청산을 노래할지어다.'

달맞이고개는 여러 이름으로 불린다. 달맞이언덕, 달맞이동산 등이다. '달 맞이'란 명칭은 당시 구청장이던 채낙현 수필가 1930~2004 가 처음 붙였다. 해운대구는 1980년 4월 출장소에서 구청으로 승격했다. 초대 정철진 구청 장에 이어 채 청장이 1982년 9월부터 1984년 5월까지 2대 구청장을 맡아 반듯한 해운대, 제대로 된 해운대 만들기에 애썼다. 달맞이고개 벚꽃 역시 채 청장 작품이다. 수필가답게 길손 걸음을 멈추게 하는 격문을 기념비 아래 남겼다.

15곡도 曲道 . 달맞이고개 또 다른 명칭이다. 해운대와 송정을 잇는 구불구 불 고갯길이 열다섯 번이나 굽어서 얻은 이름이다. 일일이 헤아려 보진 않

앉지만 굽은 횟수는 열다섯 번이 맞거나 비
슷할 것이다. 그 정도 굽어지지 않고서 어찌
고갯길이겠는가. 굽이굽이 인생길도 그렇
다. 그 정도 굽어지지 않고서 어찌 인생길이
겠는가.

역사적 인물 가운데 구불구불 고갯길을 맨
먼저 걸은 이는 누굴까. 누구누구 들먹일 것
도 없다. 단연 최치원이다. 신라 문장가 최
치원이 해운대에 대를 쌓고 머물렀다는 문
구가 500년 전 고서에 나온다. 최치원이 모
셨던 여왕 또한 신병을 치료하려고 해운대
온천을 들렀다. 여왕 일행이야 험준한 육로
대신 편안한 뱃길로 다녔을 터. 성골도 아니
고 진골도 아닌 최치원은 고갯길 넘고 넘어

1960년대 달맞이고개 와우산 골프장 모습
(출처:해운대초등 삼공회 홈피)

해운대에 이르렀지 싶다. 송정 쪽에서 해운대로 오는 유일한 육로가 달맞
이고개였다.

물론 그 옛날 고갯길과 지금의 달맞이고개는 전혀 달랐다. 자동차 다니는
지금의 고갯길은 1969년 11월 7일 착공해 1970년 7월 28일 완공했다. 그
이전 한국전쟁이 나고 부산 곳곳에 미군이 주둔할 때는 고개를 품은 미포
와우산 일대에 미군 전용 골프장이 들어섰다. 1968년까지는 삼성그룹 창
업주 이병철 회장이 와우산 20만 평 넘는 땅을 소유했다. 1975년에는 미국

에서 대외 원조를 담당하는 AID ^{국제개발처} 돈으로 지은 주공 AID아파트 45 동, 2천 60가구가 들어섰다.

옛길이 죄다 지워지지는 않았다. 옛 지도에 우현 ^{牛峴} 또는 우치 ^{牛峙} 로 나오는 옛날 고갯길과 달맞이고개로 불리는 지금 고갯길은 전체적으론 달라졌지만 길이 닿으려고 했던 데는 같았다. 길이 닿으려고 했던 데는 옛날도 지금도 해운대며 송정이다. 그러기에 해운대 다 가서 옛길이 좀 남아 있고 송정 다 가서 좀 남아 있다. 송정 옛길에는 표지판을 세워 두었다. 표지판 가리키는 데로 가면 곱다란 옛길이 나온다.

옛길과 새길. 따지고 보면 크게 다르지도 않다. 가능하면 옛길을 살려서 새로 길을 놓는 까닭이다. 달맞이고개 옛길은 지름길로 질러서 갔고 새길

송정 옛길의 송정 쪽 초입. 송정과 해운대를 잇는 옛길이다.

달맞이고개 와우산 일대에 있던 주공 AID아파트. 1970년대와 80년대 부산 시민의 애환이 스민 추억의 아파트였다.

은 풍광 빼어난 해안으로 둘러서 간다. 그 둘을 굳이 같은 길이라고 우길 이유는 없다. 굳이 다른 길이라고 우길 이유도 없다. 옛길이나 새길이나 길이 닿으려고 했던 데가 같아서다. 사람이 꽃이고 꽃이 사람인 달맞이고개에선 옛길이 새길이고 새길이 옛길이다.

> 헤어지자
> 섬세한 손길을 흔들며
> 하롱하롱 꽃잎이 지는 어느 날.
> 나의 사랑, 나의 결별
> 샘터에 물 고인 듯 성숙하는
> 내 영혼의 슬픈 눈.

고갯길 걸으면서 읊을 만한 시? 이형기 '낙화'는 어떨까. 가야 할 때가 언제인가를 알아서 분분하게 날리는 꽃잎이 시의 주인공이다. '나의 사랑, 나의 결별' 이 대목을 읊조리면 '영혼의 슬픈 눈'에 눈물이 핑 돈다. 벚꽃이 사랑인 사람도 그렇고 결별인 사람도 그렇다. 날리는 벚꽃에 맞으면 맞는 족족 시퍼런 멍이 든다. 누구나 그렇다.

좀더 알아봅시다 / 문탠로드·청사포 오솔길

다 좋은 사람이 없듯 다 좋은 길은 없다. 약점이 한둘은 있다. 달맞이고개 약점은 길이 포장돼 있다는 것. 해운대 미포에서 송정으로 이어지는 전 구간이 포장도로다. 인도에는 방부목을 깔았지만 차가 내달려서 길 걷는 즐거움이 반감된다. 그러기에 달맞이고개 바로 아래 황톳길 문탠로드는 보배다, 보배.

문탠로드는 미포에서 청사포까지 이어진다. 나무를 양옆에 거느린 산책로다. 바다를 끼고 있어서 파도 소리가 스며들었다. 휘영청 달이 뜨면 나무 사이로 바스러지는 달빛이 일품이다. 그런데 말이 어렵고 낯설다. 문탠로드가 뭐지? 누가 물으면 이렇게 얼버무리며 넘어간다. 선탠이 햇빛으로 살갗을 태우는 거라면 문탠은 달빛으로 마음을 태우는 것!

청사포 오솔길은 문탠로드와 맞닿은 산책로다. 청사포에서 송정까지 이어진다. 군인이 해안을 감시하던 참호가 곳곳에 있는 참호길이라서 '뷰'가 빼어나다. 시로 치면 걸작이고 노래로 치면 절창이다. 청사포에는 청사포가 종점인 마을버스가 있고 쌍둥이 등대가 있고 갓 잡은 해산물을 파는 해녀가 있다. 해상 전망대는 꼭 꼭꼭 둘러볼 것! '청사포 다릿돌전망대'란 이름을 여기 이 사람이 추천했다.

가가呵呵.

〈광여도〉해운대 부분. 오른쪽 가운데 보이는 '우현(牛峴)'이 달맞이고개 옛 이름이다. 해운대 미포 와우산 옛 이름이 우현산이었다. (규장각)

동래 인생문고개

가는 길

동래시장에서 복천박물관으로 간 뒤 내리막 도로를 따라가면 인생문 성문이 보인다.

박물관 주변에는 복천동 고분, 영보단, 내주축성비, 장영실과학관, 동래읍성 북문 등등 둘러볼 데가 널렸다.

일대가 동래사적공원으로 조성됐고 숲길은 정일품이다.

동래구 마을버스 1번, 6번, 6-1번 '학산여자고교'에서 내리면 인생문이다.

명륜역

● 동래구보건소

동래문화회관

동래사적공원

동래읍성
북문

무량사   북장대   부산 3.1독립
운동기념탑

동래중학교

동래우체국

장영실
과학동산   복천박물관

명장초등학교

부산중앙
여자고등학교

명륜초등학교

복천현대
아파트

우성베스토피아
아파트

복천박물관
야외전시관

동래읍성
도서관

학산여자
고등학교   동신중학교

명장역

동래역

동래할매파전

복천동고분군

내성초등학교

망월산

학산여자
중학교

대동병원

동래시장

4월 15일은 부산의 제삿날이었다. 남녀노소 통곡하던 부산의 공식 기일이었다. 이날 누구는 대가 끊겼고 누구는 부모를 잃거나 형제를 잃었다. 4월 15일 매년 이날이면 집마다 곡성이 터졌다. 곡성은 담장을 넘어 길에서도 들렸다. 곡성이 들리는 집은 그나마 다행이었다. 가족 모두 목숨을 잃어 곡해 줄 사람조차 없는 집이 부지기수였다.

애간장 찢어지는 참상은 시에도 나온다. '이안눌 4월 15일'을 인터넷 검색하면 시가 뜬다. 몇 구절이다.

'아비가 자식 위해 곡하고 자식이 아비 위해 곡하고
할아비가 손자 위해 곡하고 손자가 할아비 위해 곡하고
곡할 사람이 있으면 그래도 슬프지 않지요.
얼마나 많은데요, 퍼런 칼날 아래
온 가족이 다 죽어 곡할 사람조차 없는 집이.'

시를 쓴 이는 이안눌. 부산시장에 해당하는 동래부사를 지냈다. 임진왜란 1592~1598 이 끝나고 딱 10년 후 동래부사로 와서 이 시를 썼다. 4월 15일 새벽 늙은 아전과 고을을 돌던 중에 집마다 곡소리가 들렸다. 아전에게 연유를 묻자 10년 전 그날 벌어진 동래읍성 전투 이야기가 나왔다. 동래사람 천백 명 중에 한두 명만 살아남아 천백유일이 千百遺一二 터져 나오는 곡소리였다.

"이 길로 간 사람은 살았다데요. 삶과 죽음이 이 고개에서 갈렸다고 들었어요." 정류소에서 마을버스를 기다리는 주민은 70대 초반. 정류소 위쪽 동래읍성 인생문고개. 1592년 4월 15일 임진왜란 동래읍성 전투가 벌어지자 노약자와 아녀자는 이 고개로 피신했다. 인생문고개는 왜군 학살을 피해 넘었던 생사의 길이었다.

은 동래읍성도서관이고 아래쪽은 고풍스러운 성문이다. 도서관 방향으로 올라가면 복천박물관이 나오고 성문 방향으로 내려가면 명장동이 나온다. 주민이 가리킨 길은 성문으로 난 길. 임진왜란 때 성문 길로 간 사람은 살아남았단 문구를 복천박물관에서 봤다며 표정이 무겁다.

성문은 늠름하다. 성루까지 갖춰 위풍당당하다. 그런데 성문 이름이 좀 펑퍼짐하다. '인생문 人生門'이다. 서릿발 기상이 감돌아야 할 성문답지 않게 인생무상 허무랄지 낭만 같은 게 얼핏 느껴진다. 달밤에 시 한 편 읊으면 그럴싸하겠다. 저 아래 탁 트인 명장동 풍광은 일망무제 장시 같다. 나만 그럴까. 인생문 내력을 알기 전까진 누구든 낭만가객이 되고 싶다.

인생문 내력을 알면 대개는 '에구!' 그런다. 낭만의 문이 아니고 비극의 문인 까닭이다. 1592년 4월 15일 벌어진 동래읍성 전투는 격전이었다. '조선군 전사자 5천 명, 일본군 전사자 1백 명.' 왜군과 참전했던 포르투갈 선교사 기록이다. 노약자와 아녀자는 피비린내 킬링필드를 피해 뒷산 고갯길로 넘어갔고 살았다. 사람을 살렸다 해서 인생문고개라 불렀다. 왜란 끝나고 130년 후쯤인 1731년 '인생문' 성문을 세웠다. 지금 성문은 2005년 복원했다.

'동래성 인생문 1731년.' 보는 순간 눈을 의심했다. 질끈 감았다가 떴다. 내 안 깊숙한 데서 뜨거운 기운이 치올랐다. 대연동 부산박물관 뜰에서 맞닥뜨린 고색창연한 돌비석 때문이었다. 정확하게는 돌비석에 새겨진 한자 때문이었다. 한자는 석 자. '人生門'이었다. 안내판은 이 돌비석이 1731년 동래읍성 인생문 표석이라고 밝힌다. 생사를 갈랐다는 인생문 구전이 그

대연동 부산박물관에 있는 1731년 동래읍성 인생문 표석

냥 떠도는 이야기가 아니라 실제 있었던 역사란 증거가 부산박물관 인생
문 표석이다.

돌비석 석 자는 강하고 진하다. 손이 아니라 피눈물로 새긴 글자다. 한 획
한 획 당대의 곡소리며 한 글자 한 글자 당대의 핏물이다. 동래사람 천백
중에 한둘 살아남았다는 이안눌 시는 상상으로 지어낸 이야기가 아니며
삶과 죽음이 이 고개에서 갈렸다는 마을버스 주민 어두운 표정은 막연한
동정이 아니라 우리 역사의 어느 한 굽이에서 몰아쳤던 실화였다. 그러기
에 '인생문' 한 글자 한 글자 강하고 진하다.

실화라고 증언하는 비석은 또 있다. 1731년 그해 세운 추모비 '임진전망유
해지총 壬辰戰亡遺骸之塚'이다. 1731년 동래부사는 정언섭이었다. 동래정씨
답게 동래를 사랑하는 지극한 마음으로 임진년 왜란에 망가진 읍성을 새
로 쌓았다. 이전 부사는 엄두를 못 내던 대역사였다. 엄두를 내기에는 돈이

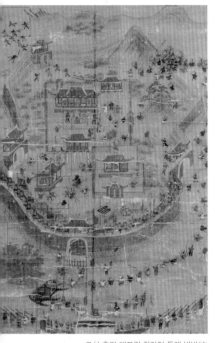

조선 후기 대표적 화가인 동래 변박(卞璞)이 1760년 그린 〈동래부 순절도〉. 동래읍성 전투 진행 과정이 상세하게 나온다. 보물 제392호다.
(육사박물관)

없었고 무엇보다 사람이 없었다. 왜란으로 죄다 죽는 바람에 동래 인구는 더디더디 늘어났다. 사람 늘어나기를 기다린 세월이 아까 말한 130년이었다.

축성은 면밀하게 진행됐다. 동서남북 성문과 암문을 복구하고 인생문을 내기로 했다. 큰 그림을 그리며 공사하는 도중 엄청나게 많은 유해가 나왔다. 임진년 4월 15일 순절한 동래사람 유해였다. 무덤 하나로 합장하기에는 어림도 없었다. 동래 전체, 부산 전체가 대성통곡했다. 정언섭 부사는 유해를 여섯 무덤으로 나눠 묻었다. 도시철도 동래역 부근 온천천 천변이었다. 추모비를 세웠으며 매년 제사를 지내도록 했다.

추모비 비문은 '오호, 이 여섯 무덤은'으로 시작한다. 한자 원문은 '오호차육총 嗚呼此六塚'이다. 비문은 모두 250자. 미국 대통령 연설문에 명문이 많다지만 '오호, 이 여섯 무덤' 비문에는 근처도 못 온다. 비문은 정 부사가 썼다. 정 부사는 문장가였다. 글이 서늘했다. 동래정씨 시조 묘로 알려졌던 부산진구 양정동 화지공원 정묘 비문도 그가 썼다. 250자 비문은 구구절절 그 시대 피눈물이며 곡소리며 긴 한숨이었다. 무덤은 일제강점기 망가져 한 무덤이 되었다. 무덤과 추모비는 우여

곡절을 거쳐 현재 동래 금강공원에 있다. 동래구는 음력 4월 15일 제향을 지낸다.

인생문 성루에 선다. 저 아래 펼쳐지는 명장동과 옥봉산, 장산 자락이 시원하다. 반대편은 복천박물관으로 가는 가풀막 도로. 도로가 나기 훨씬 이전 옛날에는 어떤 길로 다녔을까. 성문에서 학산여고로 가는 길옆에 난 샛길이 좁고 구불구불한 게 옛길 가능성이 높다. 샛길 입구 전봇대에 내건 문구는 그런 가능성에 힘을 싣는다. 전봇대 문구는 '시간여행, 동래로 걷다.' 문구에 혹해 샛길로 들어선다. 길은 좁고 구불구불한 게 여간내기가

인생문 성루

아니다. 이리 휘어지고 저리 휘어지면서 사람을 이리 흔들어 대고 저리 흔들어 댄다. 저 앞에 보이는 법륜사 학소대 소나무가 핑핑 돌아간다. 이 샛길이 인생문고개로 이어지는 옛길이 맞는다면 피신했던 동래사람 상당수는 이 길로 해서 집으로 돌아갔으리라. 왜란이 진정되자 인생문고개 되넘어 집으로 가는 길. 몸과 마음 이리 흔들리고 저리 흔들려도 삶터를 찾아서 무겁게 부단하게 나아갔으리라.

인생문 고갯길은 생사의 길. 살려고 넘어갔던 고개고 살려고 넘어왔던 고
개다. '여자를 비롯하여 아이와 개, 고양이 할 것 없이 피를 흘릴 수 있는
것은 모두 살해하였다'는 절대적 절망에서도 삶의 끈을 놓지 않았던 풀뿌
리 민초의 길, 동래 인생문고개. 인생문고개는 아울러 부산 정신의 고개다.
죽을지언정 길은 내어줄 순 없다며 불의에 맞섰던 부산 정신이 오롯이 스
며든 옛길에 꽃잎이 하늘하늘 주단을 깐다. 휘어지는 길이 어지러운지 꽃
잎은 이리 흔들리고 저리 흔들리며 떨어진다.

인생문 성루에서 본 명장동 방향 고갯길

좀더 알아봅시다 / 동래의 재발견

동래에선
발꿈치 들고 다녀야

2015년 부산일보에 '부산의 비석'을 연재했다. 부산의 알려진 비석은 그해 거의 다 찾아보았다. 어떤 비석은 비에 새긴 글이 서늘했고 어떤 비석은 낮고 가늘어서 서늘했다. 동래읍성 내주축성비 萊州築城碑 는 부산의 비석 가운데 가장 힘이 넘쳤다. 비문이 그랬고 백두장사 같은 외모가 그랬다. 이런 비석이 부산에 있었나 싶을 만큼 놀랍고 반가웠다.

내주는 동래의 다른 말. 동래에 성을 쌓은 기념으로 세운 비가 내주축성비다. 성을 쌓은 해는 1731년. 임진년 동래읍성 전투로 성이 허물어진 지 139년 만이었다. 성을 쌓는 도중 숱한 유해를 발굴했다. 임진년 순절한 동래사람이었다. 동래 금강공원 의총은 그들을 모신 봉분이다.

이걸로 끝이 아니었다. 순절자의 유해는 2000년대 들어서도 나왔다. 2005년 도시철도 4호선 수안역을 지으면서였다. 역 구내 들어선 '동래읍성 임진왜란 역사관'은 당시 이야기를 유물과 영상으로 보여준다.

동래는 성지다. 지하 곳곳에 순절자 한 맺힌 영혼이 속울음을 삼킨다. 발굴한 유해는 적지 않지만 빌딩 때문에, 도로 때문에 수습하지 못한 유해는 훨씬 많다. 동래를 지날 때는 발꿈치 들고 조심조심 다녀야 한다. 의당 그래야 한다.

내주축성비와 동래읍성 북문. 1731년 동래에 읍성을 쌓고 세운 기념비가 내주축성비다. 내주는 동래의 다른 말이다.

민락 백산 고개

민락역
수영동
현대아파트
BEXCO
제2전시장
수영만
부산더샵
센텀포레아파트
올림픽공원
민안
초등학교
백산
수영만
아이파크
아파트
민락
초등학교
부산MBC
민락수변공원
광안리
해수욕장

가는 길

도시철도 2호선 민락역 1번 출구로 나오면
아파트 단지가 나온다.
아파트를 끼고 직진하면 갈림길.
왼쪽은 수영강 강변길이고
오른쪽이 백산고개다.
구부정한 고개 끝에서 오른쪽으로 틀면
전통사찰 옥련선원이 나오고
부산mbc가 나온다.

고개는 옛길이다. 100년, 200년은 훌쩍 뛰어넘는다. 수영구 백산을 가로지
르는 백산고개는 최소 300년 옛길이다. 조선 수군부대가 주둔하던 수영에
서 지금의 중앙동으로 가려면 이 고개를 지나야 했다. 다른 길도 있었겠지
만 대개는 논이나 밭에 난 두렁이었다. 우마차 다니는 길다운 길은 여기가
유일했다. 수영강 수영교에서 수영교차로, 대남교차로 가는 큰길은 한국
전쟁으로 군부대가 주둔하던 1950년대 비로소 등장했다.

그걸 어떻게 아는가. 300년 가까이 된 옛 지도, 100년 가까이 된 일제강점
기 그림지도, 1950년대 항공사진이 그렇다고 그런다. 옛 지도와 일제강점
기 지도와 50년대 사진을 보노라면 지금 보이는 게 다가 아니란 자각이 나
도 모르게 든다. 내가 아는 당신도 그렇다. 당신은 내가 아는 것 이상으로
높고 귀하며 다감하다. 언제나 그렇다.

1953년 수영강 하구와 백산 일대. 수영강 수영교 너머 왼쪽 황톳길이 백산고개다. 강 왼쪽은 수영비행장이다.
ⓒ부경근대사료연구소

"초등학교 다닐 때 매일 이리로 다녔어요." 플랜비문화예술협동조합 이승욱 대표에게 백산고개는 초등학교 추억을 간직한 고개다. 백산 너머 민락초등학교에 다녔다. 플랜비문화예술협동조합은 부산지역 다양한 문화예술가와 문화기획자가 마음을 모은 문화예술법인이다. 이승욱 대표가 그렇듯 백산고개는 지역민 추억이 스며든 그때 그 시절 정감의 고개다.

수영구 민락동 백산고개 전경. 수영에서 부산진으로 가던 백산고개는 300년 넘는 옛길이다.
고갯길 걸으며 바라보는 수평선이 옛길 그대로고 고갯길에서 맞닥뜨리는 고색창연한 비석이 옛길 그대로다.

수영에서 민락으로 가는 다리 위

한 움큼의 땀만을 남기고

버릴 수 있는 모든 낡음을 투하하다

최근의 구직란의 전화번호도

가렵기만 하던 비듬 다발도

할머니의 하나뿐인 유산인 콩쥐팥쥐도

몇 번의 반복적인 부침/꼭 한 움큼의 땀만을 남기고도

너무 많은 것을 가진 것 같고

아직도 버리지 못한 게 있을 것 같고

뒤져 보면 몇 푼의 동전/동전에 진득한 애착

  -동길산 시 '낡음' 일부

백산고개는 나에게도 추억의 고개다. 수영비행장 해안대대에서 방위병으로 복무하던 1980년대 초 매주 두세 차례는 이 고개를 넘었다. 맡은 일이 그랬다. 일 때문에 넘는 고갯길이었지만 속은 편했다. 탁 트인 바다가 좋았고 내 성격 같은 구부정한 길이 좋았다. 시 '낡음'은 그때 썼다. 수영강 수영교를 건너 백산고개로 해서 민락동으로 가던 그 시절이 어제 같다.

'백산·민락수변공원 방면.' 백산고개 시작은 도시철도 2호선 민락역 1번 출구다. 출구로 나와서 쭉 가면 나오는 오른쪽 오르막길이 백산고개 초입이다. 왼쪽은 수영강 강변길. 한국 최초의 친수공간이라는 민락수변공원으로 이어진다. 산책 나온 사람은 대개 그리로 간다. 풍광이 천하제일경이다. 나도 마찬가지다. 오늘은 모질게 마음먹고 고갯길로 접어든다. "깜짝이야!" 인기척이 들리면 고개는 분명 화들짝 놀라면서 사십 년 전 그 방위병을 반기리라.

오르막 왼편은 대숲. 대숲도 반가운지 댓바람을 날린다. 아쉬운 점은 있다. 오르막길 오른쪽 100살 넘은 당산 팽나무에 인사드리지 못하는 까닭이다. 수영구 보호수인데 가는 길을 누군가가 비밀번호로 막아 버렸다. 나무는 멀리서 보면 둘이지만 실제론 한 뿌리다. 다 자란 자식이 부모 품 벗어나려 용쓰는 구경거리를 못 보고 가려니 은근히 아쉽다.

고갯길 왼편 바다 너머는 해운대구. 고층 건물에 가렸긴 했지만 바다가 보이고 장산이 보인다. 매주 두세 차례 넘던 그 시절 고개 아래 바닷가는 '꼬시래기 횟집촌'이었다. 색시가 장구 치며 흥을 돋우었다. 방위병 복무를 마치면 가 보리라, 내 80년대 버킷리스트였던 거기는 수영강 오염이 심해지면서 80년대가 지나기 전에 문들을 닫았다.

변하지 않은 건 있다. 지난 세월이 사십 년 저쪽이라 해서 어찌 변한 것만 있겠는가. 고갯길에서 바라보는 수평선이 그때 그대로고 고갯길에서 맞닥뜨리는 옛 비석 역시 그때 그대로다. 옛 비석은 고색창연하다. 왕복 2차선 도로 오른편으로 돌 옹벽이 이어지는가 싶더니 한순간 고색창연한 비석이 턱 나타나서는 발목을 잡는다.

옛 비석은 모두 넷. 셋은 송덕비고 하나는 효자비다. 종이에 붓글씨 한 글자 한 글자 쓰기도 어렵거늘 딱딱한 돌덩이에 한 글자 한 글자 새겼다면 그만한 내력이 있을 터. 비석을 세우면서까지 천년만년 남기고자 한 이야

백산고개 옛비석

기는 뭐였을까. 비문 해석은 부산시 홈페이지 '문화관광-역사-부산향토사도서관-부산금석문'에 나온다.

고갯길은 이내 끝나고 갈림길이다. 오른쪽으론 옥련선원과 부산문화방송이 나오고 직진하면 민락교 다리 아래로 빠진다. 다리 아래 왼쪽은 수영강 강변길, 오른쪽은 아파트 모퉁이다. 모퉁이를 꺾자 마을이 보인다. 민락본동이다. 1872년 옛 지도에는 인가 세 채가 그려진 판곶리 板串里 로 나온다. 평평하다 해서 널빤지 판을 썼다. 널구지 마을은 민락본동 옛 이름이다.

널구지란 지명은 지금도 쓰인다. 민락본동 할매당산을 널구지당산이라 하고 당산 관리를 민락널구지회에서 한다. '널구지 아름집'이란 상호도 보인다. 호주 선교사가 1950년대 찍었다는 널구지마을 사진은 감격스러워 눈물이 찔끔찔끔 난다. 다닥다닥 초가집과 드문드문 기와집이 보이고 백사장에는 목선이 한가롭다.

마을을 품은 산도 보인다. 진조말산이다. 사진에 보이는 고풍스러운 소나무는 2003년 태풍 매미가 들이닥치면서 생애를 마감했다. 소나무가 감싸

민락본동 우물. 우물 너머로 할매당산이 보인다. 할매당산은 널구지당산이라고도 한다. 민락널구지당회에서 관리한다.

던 할매당산과 당산 우물만큼은 지금도 남아서 지나간 시절을 반추한다. 센텀비치 푸르지오아파트 버스 정류소에서 눈을 크게 뜨고 보면 보인다. 시내버스 41, 83-1, 210번이 다닌다.

백산고개는 수영과 널구지마을 사이에 있었다. 고개 아래 포이진이 있었다. 좌수영성 예하 수군부대였다. 어민과 수군이 공동으로 한 해 첫 어로작업을 펼칠 때는 수군 사령관이 진조말산 끄트머리 갯가 진조암 바위에 앉아서 격려했다. 푸르지오아파트 일대가 그때 그 갯가, 그 바다라고 여기면 된다.

이 글 맨 앞에 언급한 '최소 300년'은 근거가 뭘까. 우선은 민락본동 역사

1872년 옛 지도에 나오는 백산고개. 산 아래 붉은 실선이 백산고개다. 갯바위 둘과 민가가 그려진 곳이 민락본동이다. 현재 푸르지오아파트 그 일대다. (규장각)

가 그쯤 된다. <민락 100년>이란 지역사 소책자에 그렇다고 나온다. 마을이 먼저인지 길이 먼저인지 단언하기는 어려워도 마을과 길은 따로 놀지 않는다. 마을은 마을대로 보조를 맞추고 길은 길대로 보조를 맞춘다.

그다음 근거는 조선왕조실록이다. 영조 27년 1월 3일 왕조실록에 '포이진은 그대로 두고 같이 있던 축산·감포·칠포 세 진은 폐지하자'는 경상감사 상소가 나온다. 영조 27년은 1751년. 그 이전에 포이진이 있었다는 얘기니 포이진을 내려다보던 백산고개 역사 역시 그 이전. 최소로 잡아서 300년이다.

64

좀더 알아봅시다 / 민락동 지명 유래

민락동은
왜 민락동일까?

〈민락 100년〉. 수영구 민락동 탄생 100주년을 맞아 민락동주민센터가 2014년 펴
낸 지역사 소책자다. 사진과 지도로 보는 민락동 변천사, 민락어촌계 이야기 등
읽는 재미가 쏠쏠하다. 동마다 이런 책을 낸다면 부산이 얼마나 풍성해질까, 박수
치고 싶은 스토리텔링 북이다. 부경근대사료연구소 김한근 소장이 애를 많이 썼
다.

민락동은 왜 민락동일까. 〈민락 100년〉 137쪽에 나온다. 그런데 말꼬리를 내린다.
확실한 근거가 없다는 이유다. 임금이 백성과 함께 즐긴다는 여민동락 與民同樂
도 언급하나 그건 아닐 것이다. 일제강점기 창씨개명 하듯이 지은 지명인데 변방
갯가 마을에 그런 거창한 의미를 부여하진 않았다.

내 생각은 이렇다. 물론 확실한 근거는 없다. 민락동 민 民 은 민락동에 있었던 두
마을 평민동과 덕민동에서 따 왔을 공산이 크다. 백산 남쪽 평민동은 평평했고 백
산 북쪽 덕민동은 언덕졌다. 민락동 락 樂 은 지금은 지명이 사라진 구락리 求樂里
에서 따 왔지 싶다. 구락리는 배산 아래 망미동 일대였다.

1950년대 백산에서 내려다본 민락본동. 널빤지처럼 평평해서 판곶리, 널구지마을, 평민동이라고 했다.
ⓒ부경근대사료연구소

1890년대 민락 앞바다에서 본 백산과 널구지마을. 산 중턱에 고갯길이 보인다.
(프랑스 파리장식미술관)

만덕고개

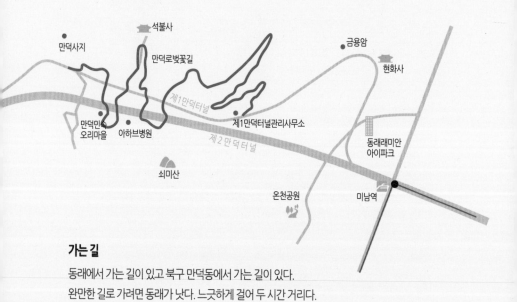

만덕사지
석불사
만덕로벚꽃길
금용암
현화사
제1만덕터널
제1만덕터널관리사무소
만덕민속
오리마을
아하브병원
제2만덕터널
동래래미안
아이파크
쇠미산
온천공원
미남역

가는 길

동래에서 가는 길이 있고 북구 만덕동에서 가는 길이 있다.
완만한 길로 가려면 동래가 낫다. 느긋하게 걸어 두 시간 거리다.
명륜역 도로 건너편 마을버스 3번을 타고 금정마을 종점에서
내리면 된다. '오복누리 굴다리'가 만덕고개 초입이다.
고갯마루 너머에 석불사와 병풍암, 만덕사지, 만덕오리마을 등이 있다.

만덕은 완만하다. 느긋하고 수굿하다. 그러면서 점점 깊어지고 점점 높아진다. 만 가지 덕을 품은 만덕에 들면 그게 무엇이든 그게 누구든 만 가지 덕을 품은 만덕이 된다. 절도 만덕이 되고 고개도 만덕이 된다. 절이든 고개든 사람이든 만 가지 덕을 품고 구불구불 고갯길에 섰거나 구불구불 고갯길을 오른다.

만덕에 들기는 내 생애 처음이다. 한 덕까진 몰라도 열 덕까진 몰라도 백 덕, 천 덕은 근처도 가지 못했거늘 내 어찌 만덕을 바랐으랴. 그러나 만덕은 만덕이다. 생애 처음인 사람을 내치지 않고 순순히 받아준다. 한 걸음 두 걸음 마침내 만 걸음에 이르러 발아래 순순히 엎드린다. 그게 오감해 나 스스로 더 엎드린다. 기꺼이 더 낮춘다. 오, 만덕이여!

"여기가 만덕고개 넘어가는 길입니다. 옆으로 이어지는 완만한 길이라서 나이드신 분 걷기에도 힘들지 않아요." 향토자료 수집가 이상길 선생은 동래구청 퇴직공무원이다. 일제강점기를 비롯해 부산 100년 자료며 사진을 평생 모았다. 몇 년 전 큰 화제였던 동래아리랑을 찾아내 복원하기도 했다. 이 선생과 함께하는 고갯길. 어디가 옛길이고 어디에 무엇이 있었는지 한마디 한마디 보석이고 보물이다.

만덕고개는 동래와 구포를 잇던 지름길이었다. 터널이 생기기 이전 장꾼은 이 고개를 넘어 동래장과 구포장을 오갔다. 동래장은 2일과 7일, 구포장은 3일과 8일 섰다. 고려시대 절 만덕사에서 고개 이름을 땄다. 금정산과 백양산을 이쪽저쪽 거느려 산세가 깊고 높다. 덕분에 임진왜란 피란민 1만 명이 여기서 목숨을 구했다. 반면에 산적이 수두룩해 장꾼들 원성이 만덕고개 고갯마루. 동래구와 북구의 경계다. 만 가지 덕을 품을 만덕은 처음 찾은 사람이라도 내치지 않고 순순히 받아
준다. 그게 오감해서 만덕에 든 사람은 더 엎드리고 더 낮춘다.

자자했다. 인터넷 검색하면 뜨는 '만덕고개와 빼빼 영감' 설화도 여기 산적 이야기다.

이상길 선생을 만난 곳은 도시철도 명륜역. 부근 온천천에 만년교란 다리 가 있었다. 동래장 장꾼은 이리로 해서 구포장으로 갔다. 동래우체국 명륜 오거리 일대는 우시장이어서 이래저래 장꾼이 넘쳤다. 명륜역 롯데백화점 을 지나 유락여중 삼거리 왼쪽 삼익아파트에서 화신아파트를 보고 곧장 가면 금정마을. 황전요양원으로 갈라지는 거기 굴다리를 만덕고개 시작으로 보면 된다.

시작은 원래 만년교였다. 근처 있었던 만년대 萬年臺에서 얻은 이름이었 다. 동래지역 군사들이 기마와 궁술을 훈련받던 데가 만년대였다. 만년교 이전에는 나무다리 서천교가 있었다. 부산이 도시화하고 세월이 흐르면서 시작하는 데가 만년교 하천에서 산 방향으로 밀려났다. 유락여중 삼거리 삼익아파트는 1960년대 한국조폐공사가 있던, 야트막한 야산이었다. 야 산 끝자락에 만덕고개 장꾼이 쉬어가던 주막이 있었다. 금정마을 백숙집 들이 그 전통을 이어 간다.

"내가 공무원 하던 1980년 그 이후 포장되기 시작했어요. 고갯길 확장은 훨씬 이전인 1960년대 초에 했고요." 고갯길은 처음부터 끝까지 아스팔트 포장도로다. 방부목을 깐 길 역시 처음부터 끝까지 이어져 길이 주는 느낌 은 순하고 선하다. 비좁은 고갯길은 1961년인가 1962년 넓어졌고 온천장 사람들은 '수훈 갑' 양찬우 경남도지사 공덕비를 세웠다. 1963년 직할시로 승격하기 전까지 부산은 경남 소속이었다. 공덕비는 현재 행불 상태다.

'축 개통 1965. 2. 6. 부산시장 김현옥.' 공덕비 행불의 아쉬움은 1965년 세운 만덕고개 도로 개통비가 달래준다. 개통비는 투박하면서 묵직한 게 육군 중장 출신 '불도저' 김현옥 시장을 그대로 빼닮았다. 만덕고개 정상은 동래구와 북구 경계이면서 온천 2동과 만덕동 경계. 육군 소장 양찬우 도지사가 고갯길을 넓힌 데 이어 불도저 시장 김현옥이 1965년 고갯마루 이쪽저쪽 도로를 이으면서 만덕고개는 불굴의 군인정신을 상징했다. 이때까지만 해도 만덕고개는 유아독존이었다. 동래에서 구포로 가려면 이 고개를 넘었고 구포에서 동래

고갯마루 정상에 있는 만덕고개 개통비.
1965년 세웠다.

로 가려면 이 고개를 넘었다. 횡으로 난 완만한 길을 따라 사람이 구불구불 오갔고 통행량은 적었지만 차가 구불구불 오갔다. 이 무렵 만덕고개 고갯길이 얼마나 순하고 얼마나 선했는지 이상길 선생은 백 마디 말 대신 한 장의 사진으로 보여준다. 사진의 힘이고 향토자료 수집가의 힘이다.

"남해고속도로 영향이 컸어요. 부산이 산업화하고 물동량 늘면서 터널을 뚫은 거죠." 1973년은 만덕고개가 굴곡의 세월에 종지부를 찍은 해다. 그

만덕고개 고갯길을 가리키는 이상길 향토자료 수집가. 고갯길은 시작도 끝도 완만하다.

해 터널이 뚫리면서 만덕고개는 구불구불 생애를 접고 탄탄대로 영화를 누렸다. 터널을 따라 '만덕로'란 길이 났고 그 길로 곧장 가면 남해고속도로였다. 남해고속도로는 1972년 1월 착공해 이듬해 11월 2차선으로 개통했다. 개통식은 내성교차로에서 성대하게 열렸다. 이 선생은 개통식 사진도 갖고 있다고 했다.

내친걸음이었다. 탄력이라면 탄력이었다. 올림픽이 열리던 1988년 그해

1960년대 중반 만덕고개를 찍은 항공사진. 우측 상단 움푹 파인 데가 굴다리 있는 만덕고개 고갯마루다. 고개 너머 낙동강이 보인다. ©이상길

두 번째 터널이 뚫렸다. 1973년 터널은 제1만덕터널, 1988년 터널은 제2만덕터널 그렇게 이름을 붙였다. 만덕고개 옛길은 1980년대 포장돼 차와 사람이 공존하는 길이 됐다. 완만하고 나무 그늘은 짙어 길에 정이 들면 한평생 정을 끊지 못한다. 초면인 사람조차 내일도 만덕에 들고 싶고 모레도 만덕에 들고 싶은데 정이 깊어질 대로 깊어지면 그 정을 어쩌나 싶다.

지금 선 자리는 고개 꼭대기. 김현옥 시장 개통비가 있고 갈맷길이며 향토 순례 코스며 이런저런 이정표가 있다. 동래구와 북구 경계는 굴다리다. 휘

어지는 벽면이 만 가지 덕을 품은 듯 유연하다. 개통비도 볼 만하고 굴다리도 볼 만하지만 정녕 볼 만한 건 낙동강 너머로 지는 해와 붉게 번지는 노을이다. 저 장엄한 풍광에 오감해서 다들 자기를 낮춘다. 반대쪽 풍광도 볼 만하다. 동래 시가지며 산 첩첩, 구름 첩첩이며 아스라한 바다. 그리하여 부산은 만덕 아닌 데가 없다. 오, 부산이여! 오, 만덕이여!

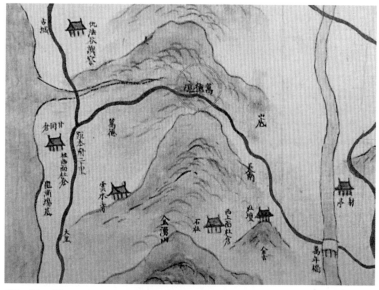

만덕고개가 표시된 1872년 지도. 만덕현(萬德峴)을 비롯해 만년교, 미남, 운수사 등의 지명이 보인다. (규장각)

좀더 알아봅시다 / 만덕사지와 석불사

당간지주와 마애불상, 그리고 꽃무늬 단청

낙동강 방향 만덕고개는 명승지다. 수수만년 강바람과 노을이 스며들어 어느 한 구석 예사롭지 않다. 특히 바위는 하나하나 귀골이고 귀품이다. 이 바위를 배경 삼아서 또는 이 바위를 토대 삼아서 절이 들어섰고 절 마을이 들어섰다.

고려시대 만덕사는 특히 유명했던 절이다. 왕의 아들이 출가해 여기 머물렀고 절 주위에 사기 寺基 라는 마을이 들어섰다. 부산 고지도에 나오는 만덕고개 옛 이름 은 기비현 基比峴 . 마을 이름과 한 글자가 겹친다. 절터는 부산시 기념물 제3호, 당 간지주는 부산시 유형문화재 제14호다.

만덕사가 과거에 유명했다면 지금도 유명한 절이 있다. 병풍처럼 늘어선 바위가 배경인 석불사다. 만덕고개에 수수만년 바위는 차고 넘치지만 석불사 병풍암은 맨 앞자리다. 그래서 만덕고개 명소를 소개하는 안내판에는 으레 맨 앞 또는 맨 위를 차지한다. 거대한 자연석에다 마애불상까지 새겨져 만덕고개가 그렇듯 누 구나 합장하게 하고 누구나 수그리게 한다.

석불사는 '국내 최대'란 수식어가 따라다닌다. 역사는 100년 이쪽저쪽이지만 자연 스럽게 둘러앉은 암벽에 새겨진 스물아홉 불상은 국내 최대 마애불 군 群 을 이룬 다고 한다. 석불사 대웅전 꽃무늬 단청은 보는 순간 마음이 순해지고 선해진다. 어떤 사람은 마애불보다 대웅전 단청을 더 많이 찍는다.

석불사 대웅전 꽃무늬 단청. 보는 순간 마음이 순해지고 선해진다.

만덕고개 전망대에서 바라본 낙동강 노을

신평 배고개

당리역 ● 사하구청
하단오일
상설시장
사하역
당리초등학교
동매산
벽산으뜸아파트
사남초등학교
신평초등학교
새마을금고
하나은행
신평골목시장
신촌초등학교
성일여자고등학교
동매역

가는 길

시내버스 3, 103, 138, 520, 1000번이 '신평 배고개'에 선다.
도시철도 1호선 당리역 6번 출구로 나와 전자랜드 삼거리에서
우회전해 곧장 가도 된다. 가깝기는 동매역이 가깝다.
4번 출구로 나오면 바로 배고개로 이어진다.
동매역에서 가면 신평골목시장이 참새 방앗간이고
당리역에서 가면 하단시장이 방앗간이다.

배나무를 심으리. 고개 이쪽과 저쪽 끝에 배나무 한 그루 심어서 배고개, 배고개 흥얼대며 넘으리. 배꽃은 희고 환한 꽃. 희고 환한 꽃그늘에 들어 당신아! 처음의 당신을 떠올리리. 배고개 꽃그늘에 들어 희고 환했던 당신의 처음을 떠올리리.

어쩔거나. 배고개는 배나무가 없다. 배나무 배고개가 아닌 까닭이다. 해 뜨는 동쪽을 바라보는 '밝은 고개'가 밝고개, 박고개로 됐고 세월이 흘러 배고개로 됐다는 게 부산시 공식 견해다. 민간에서는 배나무도 언급하고 사하구 신평이 매립되기 이전 이 고개를 넘으면 배가 보였다고도 하지만 부산시가 운용하는 디지털 백과사전에는 아무튼 그렇게 나온다.

배고개는 사하구 괴정에서 신평으로 가는 고개다. 괴정에서는 좀 멀고 신평에서는 가깝다. 이 고개를 넘어 조선시대 군인이 드나들고 장꾼이 드나들었다. 군부대가 주둔하던 서평진과 다대진을 드나들던 군인이었고 장터를 드나들던 장꾼이었다.

배고개 장꾼이 드나들던 장터는 하단장과 명호장이었다. 명지를 명호라고 했다. 좀 멀리는 부산장이나 동래장까지 드나들었다. 멀리 가면 비싸게 팔거나 싸게 살 수 있어 힘 좋은 장꾼은 원정을 마다하지 않았으리라.

조선시대 배고개는 삼거리에서 시작했다. 어떤 산을 가운데 두고 삼거리에서 이리 가면 장림이었고 저리 가면 갯가 마을 구서평 舊西平 이었다. 구서평의 원래 이름은 서평이었다. 여기 주둔하던 군부대가 더 서쪽인 다대포 방면으로 이전하면서 이전한 지역은 서평 또는 서평진, 원래 서평은 구서평 또는 구평으로 불렸다. 구서평은 바다를 사이에 두고 감천과 마주보

높은 데서 내려다본 배고개 사거리. 오른쪽 아래 건널목 도로가 괴정에서 신평으로 이어지던 원래 배고개다. 아파트 사이로 보이는 산은 동매산. 동매산 둘레길은 인생 고갯길 같아서 가도 가도 끝이 보이지 않는다.

았다.

동매산은 장림과 구서평으로 갈라지던 '어떤 산'의 이름이다. 동매산은 200m 남짓 꼬맹이 산이지만 도시철도 1호선이 다대포까지 연장되면서 신수가 훤해졌다. 신평역과 장림역을 양옆에 거느린 '동매역'의 유래가 동매산이다. 동매산은 신평 동쪽 산이라는 뜻이다. 해 뜨는 동쪽에 있는 산이라서 밝다. 동쪽 산이니 동뫼산, 동메산이 옳지만 발음이 좀 꼬인다. 비비 꼬는 것을 싫어하는 경상도 사람의 화끈한 기질에는 동매산이 '딱'이다.

"이리 가면 하단이고 저리 가면 감천이고 저 아래가 신평 아닌교. 저어기 강동병원 보이지요, 다대포 가는 길이고요." 배고개 사거리는 여기 고갯길에서 가장 고지대다. 가장 높은 데라서 보이는 건 죄다 밝다. 집도 밝고 가로수도 밝고 도로 건너편 교회 건물도 밝다. 사람도 밝아서 그늘이라곤 없다. 얼마나 밝고 친절한지 가던 길을 멈추고 사거리나 되는 길을 일일이 가리킨다. 스마트폰 지도 앱을 켜서 어디로 가면 길이 편한지 귀띔해 주는 장년도 있다.

'다대로, 장평로.' 하단시장에서 출발해 가풀막 고갯길을 오르느라 가빠진 숨을 고갯마루에 서서 고른다. 고갯마루는 사거리답게 두 도로가 겹친다. 다대포 방향 다대로는 새로 닦은 도로고 신평 방향 장평로는 예전 배고개를 넓힌 도로다. 고갯마루 풍광은 시원시원하다. 하단 쪽은 승학산 능선이 한눈에 들어오고 반대쪽은 아파트 같은 고층 건물이 가리지 않았다면 낙동강 강줄기가 한눈에 들어올 진경이다.

"여 뒤가 동매산 아닌교. 생각보다 커요. 뱅뱅 돌면 시간 많이 걸리요." 동매산과 배고개는 한 묶음이다. 동매산 고개가 배고개다. 고갯마루 슈퍼 평상에서 쉬는 노인도 밝고 친절하다. 동매산에 들어서는 초입까지 데려다주며 올라가 보길 권한다. 말은 권하는 거지만 거의 강추 수준이다. 곁에서 보고 있으니 안 올라가면 얼굴을 붉힐 상황이다. 협성엠파이어 105동 옆 돌계단을 오르며 내심 기대한다. 낙동강 강줄기가 한눈에 다 들어오기를.

배고개 사거리에서 신평 방향 전경. 멀리 낙동강이 보인다.

배고개 장꾼들이 봤을 그 진경이 지금도 여전하기를.

'6·25 집단학살 유골 발견.' 부산일보 2001년 4월 9일 사회면 특종은 충격

이었다. 하루 전날 구평동 동매산 9부 능선에서 집단 학살된 유골이 100여

점 발굴됐다는 보도였다. 김기진 기자를 비롯한 부일 취재단이 두 달 넘게

학살 목격자 증언 등을 통해 확인한 집단 암매장지 세 곳 가운데 한 군데

서 유해가 무더기로 나왔다.

생긴 이래 누천년 밝게 지내던 배고개로서는 청천 날벼락이었다. 날벼락

은 1950년 한국전쟁에서 비롯했다. 전쟁이 일어나자 그해 7월부터 9월까

지 여러 차례에 걸쳐 학살이 벌어졌다. 국민보도연맹원과 대신동 부산형무소 정치범으로 추정되는 민간인 160여 명이 동매산으로 끌려와 총살당했다. 적법한 절차를 거치지 않은 무고한 학살이었다. 수습된 유골 일부는 남구 대연동 문수사에 모셔졌다.

"처음 듣는 이야긴데요. 옆에 다른 분에게 물어 보이소." "저도 모르겠는데요." 동매산 중턱 체육공원에는 운동하는 주민이 드문드문 보인다. 머리가 희끗희끗한 연배는 그런 이야기는 처음 듣는다며 미심쩍은 표정을 짓는다. 6·25 때 전투가 벌어지지 않은 부산에서 그렇게 많은 사람이 죽었냐며 오히려 되묻는다. 몇 발짝 떨어져 운동하는 아낙도 비슷한 반응이다.

동매산 둘레길

'반장이 도장 찍으라고 해서 찍었을 뿐인데 내가 왜 죽어야 하느냐?' 학살 현장의 절규를 직접 들은 목격자 증언은 이들의 죽음이 얼마나 무도하고 억울했을지 가늠하게 한다. 동매산을 비롯해 영도구 동삼동 미니공원, 중구 영주동 부산터널 위, 금정구 회동수원지 등에서도 억울하게 죽었다. 한국전쟁 70주년이 지난 지금, 70년 지난 옛일로 덮고 가기에는 당사자와 유족이 품은 한, 그리고 연좌제로 감내해야 했던 고초가 산보다 높고 바다보다 깊다.

동매산은 높고 깊다. 210m에 불과하지만 하루 만에 다 둘러볼 수 있을까 싶다. 둘레길이 그만큼 무궁하고 무진하다. 둘레길은 한 높이, 한 길이 아니고 여러 높이, 여러 길로 나뉘며 사람을 꼭대기로 이끈다. 슈퍼 평상 노인은 다 둘러보려면 한 시간 더 걸린다고 했지만 어림도 없겠다. 누구는 하루가 걸리지 싶고 누구는 한 달이 걸리지 싶고 누구는 한 해가 걸리지 싶다. 한평생이 걸려도 다 걷지 못하는 사람은 왜 없을까. 한평생을 걸어도 다 걷지 못하는 인생 고갯길 같은 동매산 둘레길은 가도 가도 끝이 보이지 않는다.

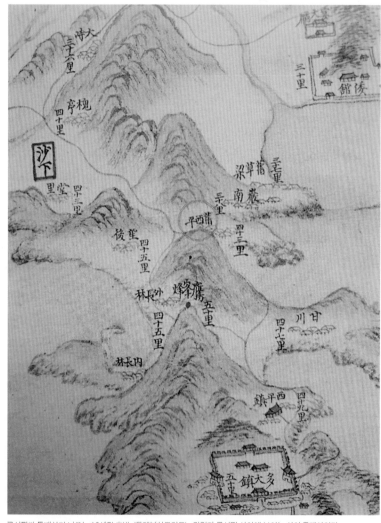

구서평과 동매산이 나오는 19세기 후반 〈동래부산고지도〉. 장림과 구서평 사이에 보이는 산이 동매산이다.
(국립중앙도서관)

좀더 알아봅시다 / 하단장과 독지장

하단과 독지,
같은 곳 다른 이름

독지장 禿旨場 은 부산에 있던 오일장이었다. 구체적인 위치는 알려지지 않았다. 부산시와 지자체 자료에는 '오늘날의 구평동 북쪽 지역이었을 것으로 추정된다' 정도로만 나온다. 어딜까. 우선은 1740년 편찬 〈동래부지〉에 독지장이 섰을 마을에 대한 기록이 보인다. '(동래) 관문에서 대치리는 36리, 감천리 42리, 독지리 44리, 장림리·서평리 45리, 다대리 50리'가 그것이다. 장림 근처 있었다는 이야기다.

다음은 〈부산고지도〉다. 동아대 박물관이 소장한 19세기 후반의 이 지도는 독지리를 콕 집어 알려준다. 동매산을 지나서 왼쪽으로 틀면 장림, 서평진이고 직진하면 독지였다. 독지는 강마을이다. 바로 앞이 낙동강이었다. 강을 사이에 두고 명호 鳴湖 , 즉 명지 鳴旨 와 마주 보았다. 독지와 명지는 형제처럼 돌림자가 같았다. 부산 지명에 둘뿐이지 싶은 '지 旨' 마을이 낙동강 이쪽저쪽에 있었다.

강을 사이에 두고 명지와 마주 보는 강마을은 현재 사하구 하단. 독지와 하단은 같은 지역일까. 단언하건대 100% 같다. 고지도에 그렇게 나오지만 고문헌이 그럴 가능성을 내비친다. 고문헌에는 두 지명이 동시에 나오지 않는다. 독지가 나오면 하단이 안 나오고 하단이 나오면 독지가 안 나온다. 19세기 후반 이후 어느 시점에 어려운 한자 독지 대신 하단이 떴으리라. 독지장도 하단장으로 개명하고 '신장개업' 했으리라.

'부산의 장타령'에서도 그걸 확인할 수 있다. 구전 민요 장타령에 나오는 부산의

독지와 명호가 나오는 〈부산고지도〉. 19세기 후반 (동아대학교박물관)

시장은 하단장, 명호장, 부산장, 구포장, 동래장 모두 다섯이다. 하단장은 나오지
만 독지장은 나오지 않는다. 주목해야 할 대목은 명호장의 위치다. '(하단) 나루를
건너 명호장'이라고 밝힌다. 독지가 하단이라는 심증이 더욱 굳어진다. 독지장과
하단장은 인기상품이 같았다. 소금과 갈대 수공품 등등이었다. 두 시장이 같은 시
장이란 방증이다. 자염최성 煮鹽最盛 . 명지 소금 자염은 조선 최고였다. 〈대동여
지도〉 김정호가 지도에 남긴 말이다.

영선고개

가는 길

시내버스 43, 86, 186번을 타고
'중구청·메리놀병원'에서 내리면 된다.
메리놀병원 자리가 영선고개 고갯마루다.
고갯마루에서 이리로 내려가면
보수동 헌책방골목이고
저리로 내려가면 봉래초등학교다.
영선고개와 영선동은 다르다.
영선고개는 중구에 있고
영선동은 영도구에 있다.

부산역

새영주시장

봉래초등학교

부산디지털
고등학교

코모도호텔
부산

보수산

메리놀병원

중구보건소

가톨릭센터

복병산

부산세관박물관

보수동책방골목

중앙역

부산근대역사관

부평
깡통시장

용두산

자갈치역

남포역

'영선고개, 한국인 거주지.' 중구 대청동 부산근대역사관에 전시된 흑백사진 제목이다. 100년은 훨씬 지난 사진이다. 갓 쓴 영감과 색동저고리 여자아이, 광주리 인 여인이 고갯길을 타닥타닥 걸어가고 고갯길 양쪽으로 초가집 다닥다닥 이어진다. 초가집 저 너머는 바다다. 매립해 부산역이 들어섰지 싶은 바다는 호수처럼 잔잔하고 여리고 순하다.

중구 영선고개는 350년 역사를 품은 옛길이다. 350년 전 그때는 국제 교류의 길이었으며 한국전쟁으로 어수선하던 때에는 박애를 실천하고 재기를 도모하던 길이었다. 올해는 한국전쟁 70주년 되는 해. 영선고개를 새삼 걷는 이유다. 내 유년의 숨결과 추억이 스민 길, 영선고개. 길을 걷는 마음이 가볍기도 하고 무겁기도 하다.

영선고개는 18세기 그림에 나온다. 동래부사 행렬을 그린 기록화다. 비탈길 구부러진 마디마디, 소나무 구부러진 마디마디 하도 생생해서 사진을 보는 듯하다. 행렬은 동래읍성에서 출발해 온천천 세병교, 부산진성을 거쳐 영선고개를 지난다. 행렬이 당도한 곳은 용두산 왜관이다. 왜관에선 일본 사신이 대기한다.

"영선고개가 영주동에 있어요? 영도에 있지 않나요?" 영선고개라는 이름은 어디서 나왔을까? 영도구에 영선동이 있는 바람에 모르는 사람은 영도 어디의 고개쯤으로 안다. 그러나 영선동과 영선고개는 쓰는 한자가 엄연히 다르다. 영도구 영선동은 신선을 뜻하는 영선 瀛仙 이고 중구 영주동 영선고개는 '집을 짓거나 수리한다'는 영선 營繕 이다. 영주동과 대청동 사이에 있던 영선산 營繕山 고개가 영선고개다.

영선산은 왜 영선산일까. 좋은 이름을 놔두고 하필이면 집수리를 운운하는 이름으로 지었을까. 그 내력을 알면 향토사학자 급으로 수준이 격상한다. 왜관은 조선에 있던 일본인 마을. 왜관을 통해 조선과 일본은 교역했다. 못 먹고 못 입던 궁핍한 나라 일본에 대한 조선의 배려였고 아량이었다. 왜관은 조선시대 국제 교류의 전초기지였으며 대외 선린외교의 표상이었다.

부산 왜관은 동구 수정동에 있었다. 부산일보 근처에 고관이라 불리는 거기다. 그러다 용두산 일대로 옮기게 되었다. 그때가 1670년 무렵이니 350년 전이다. 수정동 고관에 있던 집채 기둥이며 지붕이며 짐을 용두산 왜관으로 옮기려는데 난관이 생겼다. 산이 가로막았다. 급기야 산길을 내어서

중구 영주동과 대청동·보수동을 잇는 영선고개. 350년 역사를 품은 옛길인 영선고개는 조선시대에는 국제 교류의 길이었으며 한국전쟁으로 어수선하던 때에는 박애를 실천하고 재기를 도모하던 길이었다.

길을 텄다. 나무가 졸지에 수난을 겪었다. 길을 막는 나무는 모조리 베었고 괜찮다 싶은 나무는 왜관 신축건물 자재로 썼다. '영선'이란 이름은 거기서 비롯했다. 산은 영선산으로 불렸고 산길은 영선고개로 불렸다.

영선고개는 그때 유일한 길이었다. 유일이란 지위를 얻었으니 호시절이었다. 그러다 일제가 득세하면서 찌그러졌다. 중앙동 부두와 초량동 기차역이 따로 놀면서 아침저녁 눈총을 받았다. 산이 헐렸고 고개가 헐렸다. 땅은 평평해졌고 흙과 돌은 바다를 메웠다. 지금 부산역 일대가 그때 메운 바다다. 길은 악바리. 없앤다고 없어지지 않는다. 여기를 막으면 저기가 뚫린다. 영선고개 역시 다시 살아났다. 위치를 약간 바꾸어 350년 부산 옛길의 역사를 지금껏 이어 간다.

영선고개(영주동 방향). 왼쪽은 메리놀병원. 여기서 직진하면 길이 위아래로 갈라진다. 위로 가면 산복도로가 이어지고 아래로 가면 봉래초등학교와 부산역으로 이어진다.

나는 여기 출신이다. 영주동에서 태어났다. 아버지는 함경도 북청 피란민. 영주동에 터를 잡았다. 형제가 많아 공책이며 연필 따위 학용품은 국제시장에서 한꺼번에 샀다. 도매로 사면 쌌다. 영주동과 국제시장 사이에 영선고개가 있었다. 누나 손에 이끌려 형 둘과 졸래졸래 고개를 넘었다. 푼돈을 남겨 국제시장 좌판에서 사 먹던 '꼼장어 묵'은 이 나이 돼서도 자다가 벌떡 일어나는 술안주다.

영선고개를 걷는다. 시작은 영주시장. 시장을 빠져나와 도로 건널목에 선다. 건널목을 건너서 이리 가면 초등학교 모교, 저리 가면 영선고개다. 휴대폰 사진기에 또 담고 또 담느라 걸음이 느려 터진다. 돌아보면 아득한 날들. 처음은 보이지도 않는다. 여행길이 처음으로 돌아가는 길이라면 인생길은 처음에서 멀어지는 길. 너무 멀리 왔다. 고개에 부는 바람은 그나마 처음 그대로다. 숨통이 트인다.

'박애의 고개, 재기의 고개.' 세월이 흘러 영선고개도 숨통이 트였다. 조선시대 동래에서 왜관으로 가는 유일한 길이었던 영선고개는 한국전쟁이 터지면서 시대의 중심으로 돌아왔다. 이리로 다니는 사람이 기하급수 늘어났다. 전쟁 터지기 두 달 전인 1950년 4월 미국 메리놀수녀회가 세운 메리놀병원은 영선고개에 터를 잡고 박애를 실

1783년 변박이 그린 〈왜관도〉에 나오는 영선고개. 그림 상단에 초량객사 기와집이 보이고 하단에 왜관을 감시하던 초소인 동일복병, 동이복병이 보인다. (국립중앙박물관)

보수동 헌책방골목. 한국전쟁 피란민이 헌책을
팔면서 책방골목이 생겼다.

천했다. 영주동 '산만디'에 몰려든 피란
민은 영선고개를 오르내리며 재기를 도
모했다.

고갯길을 오른 지 10분 남짓. 고갯마루
산뜻한 건물이 눈길을 끈다. '함경도에
서 피란 온 한 부부가 최초로 헌 잡지 등
을 팔면서 자연스레 만들어졌다.' 영선고
개를 넘자 국제시장 사거리. 사거리에서
곧장 가면 국제시장이고 오른쪽으로 틀
면 보수동 헌책방골목이다. 함경도 부부를 언급한 안내판에서 보듯 헌책
방골목은 전쟁 피란민 덕분에 생겼다. 그들이 미군 부대에서 나온 잡지며
피란 보따리에 섞인 고서를 내다 팔면서 윤곽이 잡혔고 골격이 섰다. 피란
민은 여기서 생계를 이었으며 다시 일어섰다. 영주동 피란민이 아침저녁
오르내리며 재기를 다지던 신생의 길이 영선고개였다.

걸어온 길을 돌아본다. 전쟁 피란민이 걸었던 저 길. 하루아침에 타향으로
내몰리고 하루아침에 빈털터리로 내몰린 삼팔따라지 억하심정이 스며들
어 딴딴해진 길이며 넘어지면 발딱 일어서고 넘어지면 발딱 일어서던 칠
전팔기로 딴딴해진 길이다. 나이들어 다시 걷는 길. 누나와 형을 따라 졸래
졸래 간신히 넘던 고갯길이 내가 다녔던 초등학교 운동장 같다. 낮고 좁고
가늘게 보인다. 내 잘못인가 싶어 마음이 무겁다. 하늘마저 구름이 무겁다.

좀더 알아봅시다 / 대청동 왜관 감시초소

'남일'과 남일초등학교

영선고개와 맞닿은 중구 대청동은 일본과 연이 깊다. 조선시대 일본인 거주지 왜관이 여기 있었다. 대청동이란 지명도 왜관에서 나왔지 싶다. 동래부사 행렬을 그린 18세기 기록화의 마지막 장면은 연대청宴大廳. 일본 사신이 오면 연회를 베풀던 장소였다. 연대청과 대청. 의심은 짙지만 대청동은 그거와 무관하다는 게 공식 입장이다.

연대청 있던 곳은 광일초등학교 부근. 광일초등은 영선고개에서 국제시장 쪽으로 내려오면 왼쪽에 보인다. 동광초등학교와 남일초등학교가 합치면서 한 자씩 따 광일이 됐다. 남일은 무슨 뜻일까. 이 역시 왜관과 연이 있다. 동래 화가 변박卞璞이 1783년 그린 〈왜관도〉가 그걸 증명한다. 그 그림에 '남일'이 나온다. 일본식 명칭은 전혀 아니다.

일본인 거주지 왜관은 보안구역이었다. 일본인이든 조선인이든 드나들려면 허락을 받아야 했다. 무단으로 드나드는 걸 방지하려고 왜관 동서남북에 복병伏兵이란 감시 초소를 두었다. 동일東一 복병, 동이東二 복병, 서일西一 복병, 남일南一 복병, 북北 복병 등이었다. 북복병은 북쪽 산꼭대기에 있었다. 중구청 자리다. 중구청 청사를 품은 산은 복병산. 무슨 이름이든 곡절이 있다. 그냥 지어진 이름은 없다. 나도 그렇고 당신도 그렇다.

이 은행나무는

1912.4.1. 남일초교 개교와 동시에 교정에 심어진 이래 90여 년 동안 학교의 역사를 지켜보며 자라고 있었습니다. 그러던 어느 날 학교 옆 영선고개도로 확장공사로 하루아침에 베어질 운명이었으나, 나무와 오랜 세월 오가며 이웃으로 살던 주민들과 남일초교 학부모들의 요청으로 이 자리에 변함없이 서 있게 되었습니다. 통행에 조금 불편함이 있더라도 양해해 주시기 바랍니다.

부산광역시 중구청장

남일초등학교에 있던 은행나무와 안내판. 나무는 현재 광일초등학교 울타리 바깥 도로변에 있다.

영 도 복 징 어 고 개

청학119
안전센터

청학수변공원

청학시장
청학동우체국
봉학초등학교
청학성당

청학초등학교

영도구청

청동초등학교

동삼주공
2단지아파트
조내기고구마
역사공원
항만
119구조대
의지의
꽃길

가는 길

시내버스 8, 30, 66, 88, 88-1, 101, 113, 186, 190, 1011번을 타고
'한진중공업'에서 내려야 고개 오르는 맛이 난다.
청학119안전센터 갈림길 오른쪽 오르막이 청학시장, 영도구청,
의지의 꽃길로 이어지는 복징어고개다.
소방서 갈림길에서 직진해 청학수변공원, 미창석유,
국립해양박물관으로 이어지는 해양로는 매립지다.

강원도에 오징어가 있다면 부산에는 복어가 있었다. 오징어가 넘쳐나듯 복징어가 넘쳐났다. 그런데 복징어가 뭐지? 뭘까? 복어다. 복어를 복징어라 했다. 지금은 복어, 복어 그러지만 한때는 복징어, 복징어 그랬다. 복어는 낯설게 들리고 복징어는 친숙하게 들리던 그런 시절이 있었다.

'복징어 알 먹고 소녀 중독 사망' '복징어에 중독'. 그 증명이 1950년대 신문 기사 제목이다. 사망했다는 제목은 1957년 4월 7일 신문이고 중독 제목은 1958년 2월 4일 신문이다. 둘 다 부산일보지만 당대는 어느 신문이든 어느 방송이든 복징어라 그랬다. 문학 역시 그랬다.

> 혹은 또, 복징어 알을 주워 먹고 돌아온 열 살배기 앞에,
> 눈에 흰 창을 들내는 엄마의 얼굴.
>
> - 김구용(1922~2001) 시 '맹(盲)' 부분

복징어고개라는 이름은 복징포에서 나왔다. 고개 아래 포구가 복징포였다. 가까운 바다에서 잡은 복어는 여기로 다 왔다. 복징포 저쪽은 영도 청학동, 이쪽은 동삼동이었다. 그러니까 복징어고개는 청학동과 동삼동을 이었다. 지금은 태종로라는 그럴싸한 이름으로 불리는 4차선 도로가 반세기 전만 해도 생선 비린내 폴폴 날리는 구부정한 고개였다.

복징포 가는 날, 태풍급 바람이 영도를 두들긴다. '한진중공업' 버스 정류소에서 내려 신도브래뉴아파트를 지나 영도구청으로 이어지는 오르막길에 접어들 때만 해도 바람은 밋밋했다. 청학시장을 지나면서 점점 세지더니 고갯마루 가까워지자 태풍급으로 격상한다. 맞바람 피해 몸을 한참이

나 돌려세우고 나서야 다시 걷는다.

"이렇게 언덕진 시장은 처음 봤지요?" 시장을 보자 그냥 지나치기 어렵
다. 홍보 문구가 발목을 붙잡는다. 고갯길은 잠시 잊고 '좋은 물건 싸게 파
는 청학시장'으로 들어간다. 지금은 시장이지만 1760년대 한국 최초로 여
기에 고구마를 심었다. 그땐 산비탈이었다. 영도 고구마가 있었기에 조선
은 그나마 보릿고개를 근근이 넘을 수 있었다. 산비탈에 들어선 시장인 만
큼 상당히 가파르다. 생선가게 아주머니는 '언덕진 시장'을 내세운다. 말이
길어지면 고구마 넝쿨에 칭칭 감기지 싶어 은근슬쩍 발을 뺀다.

영도 청학동과 동삼동을 잇는 복징어고개 전경. 오른쪽에 보이는 영도구청 자리가 고갯마루. 복징어는 복어. 강원도
에 오징어 넘쳐나듯 부산에는 복징어 넘쳐났다. 고개 아래 있던 포구가 복징어고개 이름 유래가 된 복징포다.

'태종로 423 영도구청'. 오르막이 끝나는 고갯마루는 영도구청 차지다. 건물 외벽에 박은 큼지막한 주소판은 신라 태종 임금인 양 당당하다. 도로명이랄지 주소랄지 '태종로'는 실제로 태종무열왕에서 비롯했다. 태종로 끝은 영도 태종대다. 태종이 활 쏘며 시간을 보냈다 해서 얻은 지명이다. 태풍급 강풍이 아무리 두들겨도 도도한 자세를 흩뜨리지 않는 건 영도가 '태종급' 섬인 까닭이다.

복징어 황토 고갯길은 언제 포장했을까. 답은 '의지의 꽃길' 기념비에 있다. 도로포장과 꽃길 조성을 기념해 세운 비석이다. 고갯길 미니공원에 있

복징어 황토 고갯길은 1972년, 1973년 이때 포장했다. 공사가 끝난 뒤 박정희 대통령이 내려와 치하했다. 도로포장을 기념해 세운 빗돌이 고갯길 미니공원에 있다.

다. 시청 자리였던 중앙동 롯데백화점에서 태종대 입구까지 12km 도로포
장과 확장 공사는 1972년, 1973년 이때 이뤄졌다. 자발적 참여를 내세운
무임 중노동에다 꽃길 조성에 든 8,700만 원까지 민간에서 떠맡아 뒷말이
많았다. 천불 날 일이지만 그땐 그랬다. 공사가 끝난 뒤 박정희 대통령이
현지에 와 치하했고 그러면서 유야무야 넘어갔다.

"구청에서 내려가면 동삼 주공으로 갈라지는 삼거리 있지요? 거기가 경
계입니다." 복징어고개 유래가 된 복징포는 어딜까. 일대가 매립돼 포구
흔적을 찾기란 난망하다. 부산시 디지털 백과사전이 궁금증을 풀어준다.

복징포 추정 자리. 미니공원 앞 매립지다.

'청학동과 동삼동의 경계 지역에 있던 포구'가 복징포다. 청학동과 동삼동 경계는 어딜까. 무턱대고 찾아간 영도구청 문화관광과 직원은 친절하다. 이 책 저 책 뒤져서 복징어고개 자료를 복사해 주고 PC를 켜 경계를 알려 준다.

'복징포 뒤쪽에는 미니공원이 조성되어 있다.' <보물섬 영도 이야기>는 영도구청이 펴낸 스토리텔링 100선. 구청 직원이 복사해서 건넨 100선 일부를 보다가 눈이 번쩍 뜨인다. '의지의 꽃길' 미니공원 앞이 복징포였다지 않은가. 거긴 미창석유에서 영도하수종말처리장 일대, 지금은 '해양로'로 불리는 도로변 평지지만 복어로 호가 났던 포구가 거기였다!

미니공원 의지의 꽃길 기념비

미창석유 가는 길은 옛길. 구불구불하다. 얼른 가 보려는 급한 마음에 더 구불구불하다. 구청에서 나와 미니공원에 도착하기 직전 '해양로246번길' 표지판이 가리키는 내리막길이 그 길이다. '영신칼스토리' 간판이 보이면 길을 꺾어야 한다. 미니공원이 가까우니 들렀다가 되돌아가도 좋다. 공원 에는 박정희 친필이지 싶은 '의지의 꽃길' 기념비가 있고 누가 봐도 입이 벌어지는 낙락장송이 있다. 김소운 문학비, 한찬식 시비, 장승, 솟대가 볼 만하다. 6·25 때 이 자리에서 억울하게 희생당한 보도연맹사건 연루자 원 혼을 달래는 원혼비 冤魂碑 는 들뜨던 마음을 머쓱하게 한다.

드디어 복징포 자리다. 왼쪽은 미창석유, 오른쪽 끝은 국립한국해양대가

복징어고개 미니공원에 있는 보도연맹사건 연루자 원혼비와 솟대

들어선 조도다. 조도는 섬 안의 섬. 해양대는 복이 많다. 섬 안의 섬을 가진 대학이 세계에서 몇이나 될까. <보물섬 영도 이야기>에 조도 사진이 나온다. '1952년 조도 앞의 고기잡이' 풍경이다. 물결은 세차고 홀로 고기를 잡느라 돛을 내린 목선은 위태위태해 보인다. 매립은 됐어도 태풍급 바람은 내가 선 복징포 자리를 연신 두들긴다. 물결이 세찬 바다에 홀로 돛을 내린 목선인 듯 내가 봐도 내가 위태위태해 보인다. 나는 언제쯤이나 '태종급' 사람이 되려나.

좀더 알아봅시다 / 영도 고구마 이야기

조선의 뿌리, 지금도 드날려

영도는 한국이 떠받들어야 할 성소다. 보릿고개 시절, 영도가 있었기에 굶어 죽는 걸 면할 수 있었다. 영도에 처음 심어 조선팔도로 퍼진 고구마는 구황 救荒 작물이었다. 흉년이 들어 픽픽 쓰러지던 굶주린 서민을 먹여 살린 생명의 뿌리였고 천상의 작물이었다.

1764년. 한국 최초로 영도에 고구마를 심은 해다. 고구마를 심도록 한 이는 조엄 1719년~ 1777년 이었다. 외교사절인 조선통신사로 일본 갔다가 고구마 종자를 들여왔다. 재배가 까다로운 고구마를 살리려 노심초사했고 햇볕 잘 드는 영도 봉래산 동쪽 산비탈에서 마침내 살렸다. 그것을 기념해 영도구청은 고구마 시배지 기념탑을 세우는 등 봉래산 청학동 기슭에 영도 조내기고구마 역사공원을 조성했다.

'조내기'는 청학동에 있었던 자연마을의 명칭이다. 조내기에서 난 고구마는 씨알은 잘아도 맛이 좋았다. 타박 고구마로 불리는 밤고구마였다. 그 명성을 지금은 조내기고구마(주)가 이어 간다. 2013년 영도구 마을기업으로 선정된 이 회사는 이듬해 전국 10대 우수마을기업으로 드날렸다. 유기농 고구마가 원재료인 캐러멜, 초콜릿 같은 제품을 판다. 춘궁기 조선을 먹여 살린 영도 고구마를 생각한다면 고마워서라도 캐러멜 한 봉쯤, 초콜릿 한 통쯤 선뜻선뜻 사 볼 일이다.

영도 조내기고구마역사공원

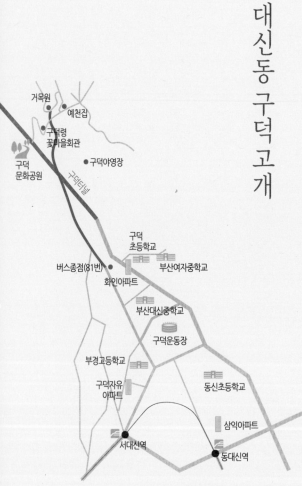

대신동 구덕고개

거목원
예천집
구덕령
꽃마을회관
구덕
문화공원
구덕야영장
구덕터널

구덕
초등학교
버스종점(81번)
부산여자중학교
화인아파트
부산대신중학교
구덕운동장
부경고등학교
동신초등학교
구덕자유
아파트
삼익아파트
서대신역
동대신역

가는 길

시내버스 81번 대신동 종점(서대신금호아파트)에서 내려
길 따라 올라가면 된다. 민방위교육장 옆으로 계곡을 낀 숲길이 나 있다.
81번 종점에서 마을버스 1번을 갈아타도 된다.
1번 종점이 꽃마을이다. 꽃마을 토속식당 '거목원' 옆에 난 샛길은
학장 세원로터리로 이어진다. 걸어서 20분 거리다.

'가장 연한 초록에서 가장 짙은 초록에 이르기까지 나는 모든 초록을 사랑한다.' 고교 교과서에 실렸던 수필 '신록예찬'의 한 대목이다. 대학 입시에 곧잘 나와서 달달 외우려고 애썼던 기억이 난다. 글쓴이는 이양하 ¹⁹⁰⁴~¹⁹⁶³. 서울대 영문학과 교수를 지냈다. 한국전쟁이 나면서 서울대가 부산으로 내려오자 따라왔다. 1년 반 부산에서 지냈다.

'여기 예외가 하나 있다. 그것은 구덕산과 구덕산 남쪽 산 사이의 저수지 있는 데로 넘어가는 한 오리 길이다. 이 고개 이름은 알지 못하나 학교에 가노라고 대신동 길을 걸어가면 항시 빤히 보이는 고갯길인데 이 길만은 어쩐지 아름답게 보인다. 이 고갯길을 아름답게 생각하는 것은 나 하나뿐이 아닌 모양이어서 어떤 날 이 얘기를 같이 가던 학생에게 하였더니 그 학생은 "그러기에 우리는 그것을 희망의 길이라 하지 않습니까" 하는 것이었다.'

이양하의 수필 '길에 관하여'의 한 대목이다. '부산 살림 1년 반 아주 재미를 보지 못했다'로 시작하는 수필은 피란지 부산의 길에서 겪은 불편을 토로한다. 흙먼지가 날려 입안까지 자금자금해지는 도로며 뚜껑 없는 하수구에서 풍기는 냄새며 부산의 길에 진저리를 낸다. 그런데 예외가 하나 있었다. 서구 서대신동 서울대 가는 길에 보였던 고개, 구덕고개였다.

그 학생은 왜 '희망의 길'이라고 했을까. 긍정적으로 생각해서 그랬겠지만 모교가 있는 서울로 가는 길이기도 했다. 부산과 서울, 타향과 고향, 혼돈과 안정 그 중간이 구덕고개였다. 구덕고개를 넘으면 서울로 갈 수 있었고 고향으로 갈 수 있었다. 피란지의 혼돈을 접고 원주지 안정을 얻을 수 있었다. 그러기에 희망의 길이었다.

"이 고개 넘어서 서울 갔다 아이가." 한국해양대를 나온 이성훈 선장은 고교 동기다. 실제 마도로스 선장이지만 '도시 항해 선장'으로 더 알려져 있다. 선장은 보이지 않는 물속까지 들여다보는 지혜의 견자 見者 다. 부산 곳곳에 닻을 내려서 보이지 않던, 보지 않았던 '깊은 부산'을 보여준다. 구덕고개 동행에서도 진가를 드러낸다. 어디로 가는 고개며 누가 넘은 고개인

대신동 구덕고개 전경. 장꾼은 이 고개를 넘어 구포장이며 부산장으로 갔고 한양으로 가는 사람도 이 고개를 넘었다. 서구청 홈페이지는 '부산에서 구포·양산·밀양으로 가는 유일한 통로였다'라고 추어올린다.

지 훤하다. 도시선 船 선장답다.

구덕산의 구덕고개는 해발 226m. 야트막한 고개지만 한동안은 부산의 안과 밖을 잇던 요지였다. 서구청 홈페이지는 '부산에서 구포·양산·밀양으로 가는 유일한 통로였다'라고 추어올린다. 장꾼은 이 고개를 넘어 구포장이며 부산장으로 갔다. 이 고개는 한양으로도 이어졌다. 조선에 쳐들어온 임진년 왜군 역시 이 고개를 넘었을 거로 이 선장은 추정한다.

"재첩국 사이소, 재첩국!" 구덕고개는 대티고개와 함께 '재첩고개'로 불렸다. 낙동강 하구 하단과 엄궁 재첩은 섬진강 재첩보다 알아주던 명물이었다. 하단 재첩은 대티고개 넘어 시내 주택가를 누볐고 엄궁 재첩은 구덕고개 넘어 시내 주택가를 누볐다. 재첩국 양철동이를 이고서 "재첩국 사이소! 재첩국 사이소!" 골목골목을 들쑤시면 부산이 후다닥 깼다.

구덕고개도 나이는 먹었다. 나이 앞에 장사 없었다. 시내와 사상지역을 잇는 도로가 늘면서 근력이 옛날 같지 않았다. 결정적 한 방은 고개 아래를 뻥 뚫은 터널이었다. 1986년 들어선 터널이 대신동과 사상지역을 잇자 고개는 '왕년의 한가락'으로 전락했다. 그래도 구덕고개는 구덕고개였다. 호락호락 당하지만은 않았다. 아침저녁 팔굽혀펴기 100회씩 하더니 지금은 유일한 통로로 한가락 하던 왕년보다 호시절이다.

"이렇게 북적인 건 20년 안 됐어요. 식당이 엄청 늘어났어요." 꽃마을은 서구가 내세우는 명소다. 관광안내지도나 관광안내판에 고정 출연한다. 꽃마을 소재지는 구덕고개 고갯마루. 토속식당이 즐비하다. 한 집 건너 한집이 아니라 집집이 식당이다. 문턱에 서서 사상으로 가는 길을 묻다가 취

재고 뭐고 그냥 들앉은 주막집의 초계 변 씨 아주머니는 마을 내력에 훤하다. 거의 선장급이다. 식당을 한 지는 15년. 그때만 해도 가게는 서른 남짓이었다. 지금은 등록된 것, 안 된 것 다 합치면 100군데 이쪽저쪽이다. 그야말로 호시절이다.

'꽃마을 구덕령 九德嶺.' 구덕고개 표지석이다. 령과 고개는 같은 말이다. 앞면에는 고개 내력을 새겼고 뒷면에는 서구 붙박이 김석규 시인의 시를 새겼다. 부산이 개항하기 이전 꽃마을은 주막집 몇 채가 다였다. 장꾼은 막걸리 몇 잔, 산나물 두어 줌으로 고갯길의 갈증을 풀었다. 6·25 피란민이 정착하면서 사람 사는 냄새가 났다. 피란민은 꽃을 키워 팔았다. 하필이면 꽃이었을까. 본의든 타의든 세상사 등지고 죽림에 깃든 그 마음이 꽃이었을까.

"물소리도 좋고 새소리도 좋으네." 이성훈 '도시 선장'은 귀가 밝다. 구덕고개에 스며드는 소리를 일일이 가려낸다. 이양하가 언급한 '구덕산과 구덕산 남쪽 산 사이의 저수지'는 터널 뚫으며 매립했지만 저수지로 이어지던 계곡은 살아 있다. 시내버스 81번 종점에서 꽃마을로 이어지는 숲길은 물길의 길이고 소리의 길이다. 입이 저절로 벌어지고 귀가 저절로 벌어진다. 서구가 어째서 명소로 내세우는지 저절

구덕고개 표지석. 고갯마루에 있다

꽃마을 야영장 수원지

구덕고개 계곡길 초입

로 끄덕인다.

나는 고등학교를 대신동에서 다녔다. 꽃마을이 가까웠다. 주먹 친구들은 시비가 붙으면 거기 가서 일 합, 이 합 겨룬다고 했다. 싸움이라면 겁부터 내던 나는 애써 꽃마을을 멀리했지만 거기가 궁금했다. 휘날리는 꽃잎을 상상했고 싸움에서 진 친구가 드러누웠을 꽃방석을 상상했다. 고교 시절 구덕고개 꽃마을은 늘 꽃잎이었고 늘 꽃방석이었다.

사상·학장·엄궁으로 빠지는 길모퉁이 '초계 변 씨' 식당. 부산의 보물을 한 가득 실은 보물선 선장과 겨루는 막걸리 일 합, 이 합이 도를 더한다. 어디까지 가려나. 유리문 너머 꽃마을이 점점 꽃잎으로 보인다. 점점 꽃방석으로 보인다.

좀더 알아봅시다 / 구덕수원지 터

수원지 아픈 기억
'사망 60명, 실종 15명'

"구덕산은 수원지가 많았어. 동아대병원 자리도 수원지였고." 이성훈 '도시선 선장'과 길을 나서면서 처음 들른 곳은 구덕초등학교. 대신동에서 구덕터널 사이 도로변 학교다. 학교 울타리에 수원지 터라고 새긴 표지석이 있다. 구덕산 일대는 지금도 여기저기 수원지다. 그러므로 구덕고개 가는 길은 수원지에서 수원지로 가는 길이며 수원지와 수원지를 잇는 계곡 물소리를 따라서 가는 길이다.

표지석 제목은 '구덕수원지 터'다. 표지석 아래 네모반듯한 기단은 수원지 내력과 규모, 애환을 담았다. 1900년 조성한 구덕수원지는 현대식 상수도였다. 꽃마을 야영장 수원지와 구덕산 입구 대신공원 수원지도 그 무렵 생겼다. 돌로 쌓은 둑은 길고 높았다. 50m, 20m였다. 수원지 물은 동아대 구덕캠퍼스 근처 식수장과 대청동 배수지를 거쳐서 중구와 서구의 식수로 쓰였다.

한국전쟁은 수원지를 오염시켰다. 상류에 피란민이 정착한 이후다. 1968년 5월부터 식수를 대는 대신 홍수를 조절했다. 그래도 홍수 피해는 컸다. 계곡이 가팔라 금방 불었다. 1972년 9월 14일 사달이 났다. 220mm의 역대급 폭우가 퍼부었다. 지난주 도시철도 부산역을 침수시킨 시간당 80mm와 어금버금한 강우량이었다. 둑이 무너지면서 인가가 휩쓸렸다. 사망 60명, 실종 15명! '구덕수원지 터' 표지석은 그때 그 일을 또렷이 기억한다.

구덕초등학교 울타리에 있는 '구덕수원지 터' 표지석을 가리키는 이성훈 선장

녹산 성고개

가는 길

도시철도 1호선 하단역에서 시내버스 58번을 타고
'성고개' 정류소에서 내리면 된다.
내친김에 봉화산 등산도 좋고 벚꽃 철이면
가로수를 따라 가덕도 선창까지 걸어도 좋다.
봉수대 등산로는 정류소 뒤쪽 산불감시 초소
옆으로 나 있다. 선창 가는 길은 차가 내달려
간담을 쓸어내리지만 진해 옛길이려니,
그런 마음으로 걷자. 버스 정류소 건널목을 건너면
기념비로 안내하는 이정표가 보인다.

성고개는 성 城 으로 가던 고개다. 성은 나라를 지키고 나를 지키던 보루다. 나라를 지키고 나를 지키려고 넘던 고개가 성고개다. 그 많았던 성들. 그 많았을 성고개들. 강서구 녹산 성고개는 부산에 유일하게 남은 성고개다. 유일하게 남아서 나라를 지키고 나를 지키려고 고개 넘던 비장한 결기를 이어 간다.

성 이름은 금단곶보성. 금단곶 띄우고 보성, 이렇게 읽어야 한다. 녹산 금단곶 金丹串 에 1485년 세운 보성 堡城 이다. 보성은 읍성이나 진성 鎭城 보다 작은 성이다. 작은 고추가 맵다고 고개에 서린 기운은 지금도 얼얼하다. 산과 평지가 만나는 경계선을 따라 세웠던 성터 곳곳에 왜구를 감시하던 서늘한 눈빛이 서렸다.

금단곶보성. 이름만 보면 군사가 지키던 성이라는 실감이 나지 않는다. 우리 역사에 이런 성이 있었나 싶기도 하고 금은방 같기도 하고 중국집 같기도 하다. 하지만 2016년 부산박물관이 펴낸 <부산 성곽>에 엄연히 이름을 올렸다. 두꺼운 성벽이 연상되는 두꺼운 책에 이름을 올릴 정도로 금지옥엽 귀하게 받든다. 성터에는 기념비를 세웠다.

성이 있던 자리는 성고개 고갯마루다. 부산에서 진해로 가던 고갯길 어름이었다. 1510년 삼포왜란 때 진해 웅천성을 구원하려고 '금단곶에서 군사 100명 출동 발금단곶군일백 發金丹串軍一百 '했다는 기록이 조선왕조실록 중종실록에 나온다. 부산 고지도에도 금단곶이 나온다. 낙동강 한쪽 다소곳한 자태가 낯선 이 앞에서 수줍어했을 조선의 누이 '금단이' 같다.

성고개는 지금, 차가 다니는 대로다. 다니는 정도가 아니라 넘쳐난다. 진해를 구원하려고 우르르 출동하는 군사의 후예 같다. 도로는 봉화산 남쪽 둘레길로 해서 녹산동 산양리와 송정동으로 이어진다. 봉화산 높이는 327m. 그다지 높진 않지만 뜨거운 기운으로 뭉쳤다. 한반도 서쪽에 꿈틀대던 기운이 산기슭으로 내려오다 낙동강을 앞두고 여기서 맺혔다. 불길 내뿜던 봉수대까지 품었으니 그 기운, 그 열기는 누가 상상하든 어떻게 상상하든 그 두 배다.

봉화산 성고개로 가는 시내버스는 단 하나다. 하단에서 가덕도 선창을 오가는 58번 버스뿐이다. 한번 타려면 하늘의 별 따기다. 짧게는 40분, 길게

부산과 진해를 잇는 강서 성고개 전경. 조선 초기부터 금단곶(金丹串)이란 성이 있어서 성고개로 불린다.
500년 고갯길이지만 저 멀리 보이는 하늘이며 구름은 그때 그대로다. 하루가 다르게 바뀌는 세상에 그때 그대로인 것은 얼마나 소중한가.

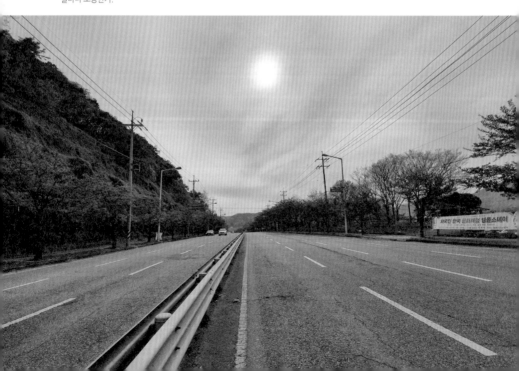

성고개 지나는 유일한 시내버스.
녹산중과 송정마을사이에 성고개가 있다.

는 1시간 10분 간격으로 다닌다. 왕복 6차선의 널따란 대로를 홀로 다니는 시내버스는 성으로 내달리는 필마 匹馬 다. 그림자보다 빨리 달려 흙먼지라곤 일지 않는다. 필마에서 내린 곳은 '성고개' 버스 정류소다. 주막 같은 중국집 한 채에 사람이라곤 통 보이지 않는다.

"여기가 성고개 아닌교. 저리로 쭉 가면 용원 나오고 더 가면 진해요." 어디로 가나. 잠시 방향을 잃었다가 도로 건너편 표지판에 눈길이 멈춘다. '금단곶보성' 터를 알리는 표지판이다. 건널목 건너편에서 맞닥뜨린 주말농장 부부는 길 박사다. 놓쳤던 방향을 잡아준다. 바로 여기가 성고개라고 알려준다. 성정이 선선해 말만 잘하면 상추 한 소쿠리 선뜻 내줄 인상이다.

성고개는 산과 산 사이의 고개다. 정확하게 얘기하면 봉화산 이쪽 능선과 저쪽 능선이 접하는 구릉을 따라서 난 고갯길이다. 낙동강 녹산을 거쳐 진해 웅천으로 이어지는 길이라서 때로는 낙동강 강바람을, 때로는 진해 바닷바람을 등지거나 맞받으며 넘어가거나 넘어왔다. 꽃 피는 춘삼월만 넘진 않았을 터. 강바람, 바닷바람 살을 에는 엄동설한 그 모진 세월이 스민 고개가 여기 성고개다.

해와 달 딛고 간 흔적이 없고
별들이 잠자다 간 흔적도 없네
성채는 헐리어 풀숲에 묻히어서
나는 새 가는 구름
성고개로만 불리운다네.

성터에 세운 기념비는 문무 합작이
다. 성채 돌로 쌓았지 싶은 기단과 큼
지막한 자연석 빗돌이 장군의 기상
이라면 기단에 새긴 낙동강 금물결
같은 시 한 편은 선비의 품격이다.

성고개 성터에 세운 기념비

성은 얼마나 높고 두껍고 길었을까. 각각 15척 4.5m , 12척 3.6m , 2,568척
770m 이다. 높이도 높이, 길이도 길이지만 3m가 넘는 두께라니! 누가 상상
하든 어떻게 상상하든 하여튼 그 두 배다.

기념비 저 멀리 풍광도 상상 이상이다. 낙동강 강줄기며 그 너머 승학산,
그리고 하늘과 구름. 백 년 전, 천 년 전 고개를 넘던 이들도 여기서 땀 식
히며 낙동강 강줄기며 그 너머 승학산, 그리고 하늘과 구름을 바라보았으
리라. 지금 내가 하는 생각과 엇비슷한 생각을 하며 이 풍진 세상, 한시름
놓았으리라.

"옛날에도 이 길로 다녔고 지금도 이 길로 다녀요." 부산에 녹산 산업단지
가 들어서고 진해에 신항이 들어서면서 성고개는 옛날의 성고개가 아니었

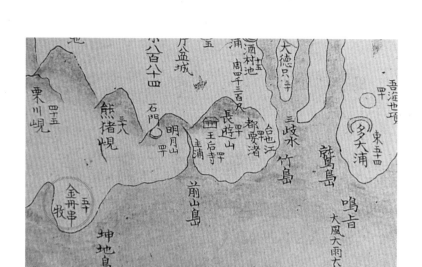

옛 지도 〈동여비고〉에 나오는 금단곶보성. 1682년경 제작 (양산 대성암)

다. 몰라보게 반듯해지고 몰라보게 말끔해졌다. 새천년이 열리던 그 무렵이었다. 그러나 주말농장 부부 말대로 옛날이나 지금이나 이 길이 그 길이고 그 길이 이 길이다. 저 멀리 보이는 하늘이며 구름이 그때 그대로이듯 길도 그때 그대로다.

그때 그대로. 하루가 다르게 바뀌는 세상에 그때 그대로인 것은 얼마나 소중한가. 하루가 다르게 바뀌어도 바뀌지 않는 가치는 얼마나 묵중한가. 고갯길 가장 높은 데서 바라보는 그때 그 하늘, 그때 그 구름. 그리고 그때 그 길. 버스는 기다려도 기다려도 오지 않는다. 참 징하다.

좀더 알아봅시다 / 부산의 성

삼국시대부터
시대별로 다 있어

부산시립박물관은 성 城 박사다. 성이라면 모르는 게 없다. 2016년 발간 〈부산 성곽〉은 부산박물관이 가진 성 지식의 결정판이다. 성의 역사와 종류, 쌓는 방법이 다 나온다. 부산의 성을 시대별로도 알려준다. 부산에 어떤 성이 있었을까. 몰라도 사는 데는 지장이 없지만 알면 주위에서 바라보는 눈빛이 달라진다.

배산성, 기장산성, 반월성. 삼국시대와 통일신라 부산의 성이다. 배산성은 연산동 배산에 있었고 반월성은 기장 정관에 있었다. 고려시대 성은 동래고읍성, 동평현성, 기장고읍성, 갈마봉성, 구랑동성. 각각 망미동, 당감동, 기장 교리, 강서 가덕도, 강서 구랑동에 있었다.

조선시대는 훨씬 많았다. 〈부산 성곽〉에 나오는 성은 스무 군데다. 금단곶보성을 비롯해 동래읍성, 금정산성, 좌수영성, 부산진성, 다대포진성, 절영도진성, 포이진성, 수정동과 괴정동 목장성, 노포동산성 등이다.

왜성도 꽤 됐다. 왜성은 임진왜란 산물이다. 왜성과 우리 성은 어떻게 구별할까. 가장 간단한 방법은 성벽 각도다. 우리 성은 땅과 직각이고 왜성은 비스듬하다. 부산에 왜성이 있던 곳은 어디 어딜까. 증산, 자성대, 동래, 구포, 죽성, 임랑포, 죽도, 가덕도, 그리고 동삼동이다.

부산박물관 발행 〈부산 성곽〉에 실린 금단곶보성 발굴 장면

철마 갈치고개

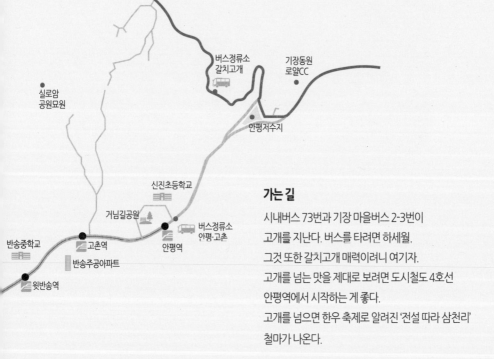

실로암
공원묘원

버스정류소
갈치고개

기장동원
로얄CC

안평저수지

신진초등학교

거님길공원

반송중학교

고촌역

반송주공아파트

안평역

버스정류소
안평·고촌

윗반송역

가는 길

시내버스 73번과 기장 마을버스 2-3번이
고개를 지난다. 버스를 타려면 하세월.
그것 또한 갈치고개 매력이려니 여기자.
고개를 넘는 맛을 제대로 보려면 도시철도 4호선
안평역에서 시작하는 게 좋다.
고개를 넘으면 한우 축제로 알려진 '전설 따라 삼천리'
철마가 나온다.

"굽은 도로를 반듯하게 펴는 공사입니다. 자전거 전용도로도 만들고요."
기장군 철마면 갈치고개는 가는 날이 장날이다. 철마면 안평저수지부터
갈치고개 일대까지 730m 구간에서 공사 중인데 하필이면 갈치고개가 당
일이다. 갈치고개 고갯마루를 가운데 두고 이쪽저쪽 100m에서 공사가 한
창이다. 도로를 펴고 확장하는 이 공사는 기장군도 17호선 선형개량공사.
2019년 2월 26일에 시작해 2021년 8월 13일에 마무리할 예정이다.

갈치고개 이쪽저쪽은 어딜까. 공사 중이라서 한쪽에 치워진 갈치고개 이
정표가 궁금증을 풀어준다. 이쪽은 기장과 반송이고 저쪽은 양산 방면 두
구동과 철마면사무소다. 거리는 각각 4km에서 8km 정도다. 이 고개가 이
지역의 유일한 통로였던 시절, 기장이나 반송에서는 이 고개를 넘어 양산
으로 갔고 양산에서는 이 고개를 넘어 기장이나 반송으로 갔다.

"구칠에서 걸어 한 삼십 분 됐어요. 돼 죽겠네. 차 타려면 한 시간 기다려
야 할 것 같아서 그냥 걸어요. 안평 가서 지하철 타려고요." 고갯마루에
서 만난 노부부는 '돼 죽겠다'는 말을 두세 번 되뇐다. 그렇긴 해도 오르막
을 넘어올 때 훔쳐본 걸음새는 말과 달랐다. 선뜻선뜻 내딛는 게 평지보다
빨랐다. 축지법을 쓰나 싶을 정도였다. 사는 곳은 철마면 구칠리. 노부부와
갈치고개는 동고동락이다. 노부부는 구칠리에서 안평역으로 가고 갈치고
개는 구칠 신리마을에서 안평저수지로 이어진다.

'갈치와는 아무런 관련이 없다. 갈치재는 거칠재의 이곳 방언이다. 거칠재
는 거친 재 嶺 라는 뜻이다.' 2001년에 발간한 기장군지 機張郡誌 '기장의 고
개-갈치재'의 한 대목이다. 갈치재는 갈치고개의 다른 말이다. 갈치고개는

기장과 양산을 잇던 유일한 길이기에 기장 갯가에서 낙동강 강마을 양산으로 가려면 이 고개를 넘었다. 갯가 해산물을 강마을에 내다팔려고 넘던 고개라서 바닷고기 갈치를 떠올리기 십상이지만 천만의 말씀이란 게 기장 군지의 요지다.

'노현 蘆峴.' 갈치고개는 족보 있는 옛길이다. 옛 지도에 빠짐없이 나온다. 옛 지도는 갈대 노 蘆 를 써 노현으로 표기한다. 갈대가 우거진 갈대고개가 여기였다. 거칠재가 갈치재가 됐다고는 하지만 이런 상상은 어떨까. 대신동 큰 고개 대치 大峙 가 대치고개로 되고 다시 대티고개로 됐듯 갈대고개

기장 철마 갈치고개 전경. 옛 지도에는 갈대가 무성한 고개, 노현(蘆峴)으로 나온다. 기장과 양산을 잇던 유일한 옛길이다. 고개는 대낮에도 어두컴컴하다. 소 판 돈을 노리는 도적이 죽치던 고개답다.

가 갈치 峙 로 되고 다시 갈치고개로 바뀌었다는 가정이다. 기장군지 설명
에서 영 벗어났지만 영 아닌 것은 아니지 싶다.

<해동지도>는 1700년대 중엽 나온 회화식 군현지도다. 회화식은 관아 같
은 건축물보다 산과 산줄기에 공을 들였다. 하늘의 기운이 산을 통해 사람
에게 이어진다는 세계관이 담겼다. 군현 郡縣 은 조선팔도 방방곡곡의 고
을. 산수화 같은 회화식 지도를 보완한 게 방안식과 백리척 지도다. 방안식
方案式 은 지도에 일정한 비율의 가로와 세로 눈금을 그어 정확성을 꾀했고
백리척 百里尺 은 산이 많은 조선의 지형을 고려했다. 김정호 <대동여지도>
가 백리척 지도다.

<해동지도>는 군현지도라서 기장현이 별도로 나온다. 이 지도에 나오는
기장현은 도로를 대·중·소로 나눈 게 이색적이다. 도로는 붉은 실선으로
나타냈다. 지금의 갈치고개를 지나는 도로는 대도 아니고 중도 아니고 소
도 아닌 충로 衝路 였다. 충돌하는 도로, 맞부딪는 도로, 사람 내지 사물이
모이는 도로, 그런 뜻이다. 유일한 통로였으니 그럴 만했다.

갈치고개 가는 길은 기장읍성에서 시작한다. 읍성 남문에서 시작한 붉은
실선은 노현, 날음고개로 불리던 비음현을 거쳐 철마한우축제가 열리는
연구리, 철마면사무소, 대우정밀이 있던 두구동 송정리, 그리고 양산 경계
의 영천으로 이어진다. 고려, 조선 때는 중앙 관리가 기장현감 발령을 받으
면 양산으로 와서 이 고개를 넘었다.

'노현령 험애 십리 蘆峴嶺險隘十里.' 지도 여백에는 한자가 빽빽하다. 깨알
같다. 호구와 인구의 수효 등과 곡물, 각 면의 위치 등을 나타내는 일종의

백서다. 지도 아래에 갈치고개 노현을 설명한 문구가 보인다. 기장읍성에서 10리 거리의 험하고 좁은 고개로 설명한다. 갈치고개의 붉은 실선이 마지막으로 스쳐 지나가는 곳은 영천이다. 영천은 경북에도 있지만 양산에도 있다. 양산 동면 영천초등학교 그 일대다. 하천 이름인 영천 榮川 이 마을 이름이 됐다. 낙동강이 가깝다.

"꽁당보리밥집 안쪽으로 장이 서요. 예전 같지는 않아도 서기는 서요." 송정리는 영천 가기 직전의 자연마을이다. 하천을 꼈다. 5일마다 시장이 열린다. 뒷자리가 5일, 10일이 장날이다. 장터 후문에서 마주친 아주머니 말마따나 흥청망청 그런 분위기는 아니다. 하지만 예전에는 장이 컸다. 기장 해산물 장꾼이 갈치고개를 넘었던 것도 송정장에 가기 위해서였다. 부근에 있는 조선시대 송덕비도 송정장 위상을 짐작케 한다. 송덕비의

송정장 이근필 송덕비

주인공은 1877년부터 3년 동안 경상도 관찰사를 지낸 이근필이다. 영도에 일본인 거주를 방치한 죄목으로 동래부사 윤치화, 다대첨사 한우섭을 파직할 징도로 강골이었다.

시장은 얼마나 컸을까. 기장군지에 일제강점기 월 거래액이 나온다. 1,000엔이다. 송정리는 지금은 금정구지만 그때는 기장군이었다. 1,000엔의 지금 가치가 어느 정도인지 감은 안 잡히지만 송정장이 기장지역 다른 장보다 시끌벅적했다니 두 눈이 휘둥그레질 정도는 됐으리라. 우시장이 컸다.

1년 거래액이 6,228엔이었다. 송정장 한 해 매출액의 절반이 넘었다. 소 판 돈은 지금이나 그때나 거금이다. 갈치고개는 거금 노리는 도둑이 죽쳤다. 거금을 빼앗기고서 망연자실 넘던 고개가 철마 갈치고개였다.

'15명 죽은 갈치고개 버스 화재 유족에 보상금 50% 내라 판결.' 망연자실 넘던 고개에 도로가 놓인 것은 1940년 무렵. 구불구불 고갯길에 들어선 도로라 교통사고가 잦았다. 갈치고개 역사상 가장 큰 사고는 모 일간지 1981년 7월 3일 기사 제목에서 보듯 15명이 사망하는 등 61명의 인명 피해를 낸 버스 화재 참사였다.

사고는 1978년 일어났다. 부산에서 철마로 가던 시외버스 승객이 실은 휘발유 통이 발단이었다. 버스가 울퉁불퉁 덜컹대면서 통이 넘어졌고 휘발유가 야금야금 샜다. 뒷좌석 승객은 신혼부부였다. 새댁이 떨어뜨린 금팔찌 찾느라 남편은 성냥불을 켰고 대형 참사로 이어졌다. 불행한 사고였지만 '표천 表彰' 할 의인이 나왔다. 버스에서 빠져나왔다가 다시 들어가 아이를 구하고 자신은 산화했다. 의인은 철마면 장전리 대곡마을 박영수 ^{당시 30}세 였다. 철마민의 숭고한 희생정신이 스며든 고개가 여기 철마고개다.

갈치고개는 반듯하게 펴도 갈치고개다. 여전히 험하고 여전히 좁은 '험애'다. 2차선 도로 양옆 울울창창한 나무에 가려 고개는 대낮에도 어두컴컴하다. 너도나도 큰길만 가려 그리고 너도나도 환한 길만 가려 그러는 이즈음, 험하고 좁고 어두컴컴한 길을 걷는 맛은 나름 깊다. 그래도 버스는 심하다. 한 대 지나간 지가 언젠데 통 보이지 않는다. 느려 터졌거나 불어터진 모양이다.

좀더 알아봅시다 / 기장 옛 고개

〈해동지도〉는 보물 제1591호다. 완성도가 높다. 1750년대 조선팔도 군과 현을 그림처럼 그렸다. 여백에는 지역 정보를 요약했다. 지도에 나오는 기장현 역시 그림이며 깨알 같은 한자로 가득 채웠다. 옛 지도에 기장 고개는 꽤 된다. 갈치고개 노현을 비롯해 이천현 伊川峴, 비음현 飛音峴, 진현 進峴, 삼현 蔘峴, 우현 牛峴 등이다.

기장의 옛길인 고개는 어디에서 어디로 이어졌을까. 현재의 길과는 어떻게 다를까. 기장문화원이 작성한 〈조선시대 간선로와 고개〉 일람표는 궁금증을 단박에 풀어준다. 〈해동지도〉 등의 고지도에 나오는 고개를 바탕으로 작성한 이 일람표 하나만 있으면 기장 옛길은 손바닥 안이다.

기장에서 외지로 나가려면 고개를 넘어야 했다. 기장과 접한 외지는 동래부와 좌수영, 양산, 울산이었다. 이천현은 동래로 가는 고개였고 이천현, 노현, 비음현은 양산 고개였다. 삼현과 우현은 좌수영 고개였으며 화철령 火鐵嶺 은 울산 고개였다. 도마현 刀馬峴 과 진현은 양산·울산 접경지 고개였다.

기장은 고개의 도시였다. 어떤 고개는 이름이 바뀌었고 어떤 고개는 지워졌지만 고개를 넘지 않고선 기장으로 들어갈 수도 없었고 기장에서 나갈 수도 없었다. 고개로 세상과 소통했던 기장. 너무 쉽게 소통하고 너무 쉽게 단절하는 처세에 넌더리가 난다면 땀 뻘뻘 내며 기장 고개를 넘어보자.

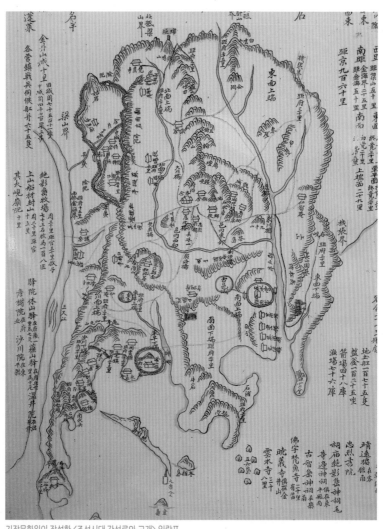

기장문화원이 작성한 〈조선시대 간선로와 고개〉 일람표

송도 새띠고개

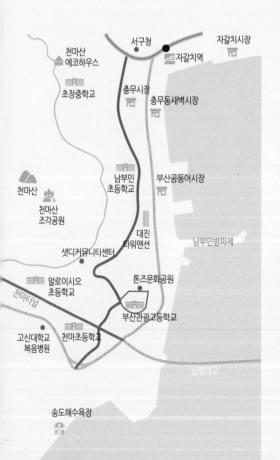

천마산
에코하우스

서구청

자갈치시장

자갈치역

초장중학교

충무시장

충무동새벽시장

천마산

천마산
조각공원

남부민
초등학교

부산공동어시장

샌디커뮤니티센터

대진
타워맨션

남부민방파제

알로이시오
초등학교

톤즈문화공원

천마터널

부산관광고등학교

고신대학교
복음병원

천마초등학교

남항대교

송도해수욕장

가는 길

시내버스 7, 9, 16, 17, 61, 87, 134, 161번이나
직행버스 1003번을 타고
자갈치역·충무동교차로에서 내리면 된다.
도로 건너편이 충무시장이다.
7번은 암남공원, 모지포마을을 거쳐
감천 수산가공단지까지 간다.

송도중학교는 내 모교다. 송도 윗길 가장 높다란 도로변에 있다. 송도 아랫길로 다니는 48번 버스를 타고 등하교했지만 송도 윗길로 다닌 날도 꽤 됐다. 아랫길과 달리 윗길은 구불구불했다. 이리 꺾이고 저리 꺾이며 속을 뒤집었다. 그래도 윗길이 좋았다. 바다 풍광 때문이었다. 탁 트인 바다를 내려다보며 영어단어를 외웠고 사춘기 시를 외웠다.

송도 윗길은 지금도 그때 그대로다. 이리 꺾이고 저리 꺾이며 속을 뒤집는다. 내가 걸어온 인생길 같다. 어떤 날은 길이 꺾여서 꺾였고 어떤 날은 스스로 꺾여서 꺾였던 인생길. 걸어온 길이 걸어갈 길보다 짧은 예전에도 그랬고 걸어갈 길이 걸어온 길보다 짧은 지금도 그렇다. 예전이나 지금이나 이리 꺾이고 저리 꺾이며 살아가는 장삼이사의 길이 송도 윗길이다.

새띠고개는 송도 윗길 옛 이름이다. 송도 아랫길이 생기기 백 년 전, 이백 년 전 지명이다. 새띠는 풀의 종류다. 다 자란 풀은 말려서 초가지붕을 이을 때 썼다. 새띠 어린순은 장노년층 추억이 담긴 '삘기'였다. 조선팔도 곳곳에서 무성했기에 조선팔도 곳곳이 새띠마을이고 새띠고개였다. 지금은 국어사전에서나 보이는 말, 새띠. 일제가 득세하면서 조선어라곤 일자무식인 일본인 면서기가 내팽개친 순우리말 지명이 새띠다.

'그때 그 시절 충무동골목시장.' 도시철도 자갈치역에서 내리자 약간의 갈등이 생긴다. 송도 윗길 가는 버스로 곧장 갈아타나, 충무동골목시장에 들렀다 가나. 갈등은 이내 사그라진다. 들렀다 가도 길이 만나지는 까닭이다. 들르기 잘했다. 6080세대에게 추억의 먹거리로 재탄생했다는 고갈비거리가 삼빡하고 50년 전통을 내세우는 복국집이 삼빡하다. 시장을 지나 고성

횟집에서 오른쪽으로 틀면 '천마로' 도로 안내판이 보인다. 송도 윗길의 우아한 표현이 천마로다.

천마로는 송도를 굽어보는 천마산에서 따온 도로명이다. 송도중학교까지 이어진다. 천마산 아랫동네인 초장동과 함께 지명에서 '말' 냄새가 물씬 난다. 실제로 조선시대 말 목장이 천마산 아래 이쪽저쪽에 있었다. 천마산 이쪽 아래인 초장동 일대는 목마장이 영도로 옮겨가면서 목마장 대신 풀 초草를 써 초장동이 되었다.(서구청 홈페이지) 천마산 꼭대기에 널따란 바위에 천마 발자국 전설이 전한다.

새띠고개 전경. 새띠는 풀의 종류. 어린순은 '삘기'라 했고 다 자란 풀은 말려서 초가지붕을 이을 때 썼다. 일제강점기 충무동에서 송도로 이어지는 해안을 매립해 송도 아랫길이 생기기 전까지 남부민동에서 암남동으로 이어지는 유일한 육로가 새띠고개였다. 앞에 보이는 산이 천마산이다.

천마산 정상 바위. 빗물 고인 자리가 전설에 나오는 천마(天馬) 발자국이다. 조선시대 말을 키우던 목장이 천마산 아래 이쪽저쪽에 있었다.

영도 목장원의 상호 유래도 목마장이다. 영도에도 목마장이 있었다. 조선시대 목마장은 나라가 관리하는 국마장이었다. 책임자인 감목관은 그 지역 수령이 겸했다. 말을 달라는 데가 차고 넘쳤으므로 목마장은 한 군데만 있지 않았고 여기저기 있으면서 옮겨 다녔다. 옮겨 다닌 이유는 군사적인 필요나 방목지 풀 고갈, 주민 민원 등이었다.

주민 민원은 뭘까. 말이 울타리 넘어 민간인 밭작물을 망치는 사례가 종종 있었다. 그러나 국가 재산인 말에 해코지했다간 곤장 맞거나 옥살이를 했다. 그런 탓에 원성이 자자했다. 목마장이 옮겨가면 기쁜 나머지 '축마비 逐馬碑'를 세울 정도였다. 지금은 신주 모시듯 떠받드는 지자체가 적지 않지만, 한 시절 기피 대상 1호가 목장이고 말이었다.

목장 이동의 역사는 부산 변천의 역사이기도 했다. 옛 다대강변에서 천마산에 이르는 널따란 괴정 목장은 영도로 옮겼고 영도 목장은 해군부대가 들어선 1881년 이후 송도 모지포로 옮겼다. 송도가 조선 마지막 부산 국마장이 되면서 일제강점기 일본으로 내보내는 소가 건강한지 혈청을 검사하던 혈청소가 들어섰다. 혈청소는 이후 국립수의과학검역원이 들어서는 바탕이 되었다.

'샌디 커뮤니티센터.' 이리 기웃 저리 기웃 느릿느릿 걷는 송도 윗길. 영국 공사관 옛터 표지석이 반갑고 남부민1동 복합커뮤니티센터가 반갑고 영

새띠고개 계단길

화 <국제시장>에 나왔지 싶은 오래된 주택이 반갑다. 새띠고개와 관련해서 가장 반가운 건 남부민2동 행정복지센터 입구의 행정그림지도다. 거기에 샛디 커뮤니티센터가 나온다. 샛디는 새띠 변음이다. 남부민동 옛 이름이 샛디다. 새띠고개를 샛디재라 불렀다. 커뮤니티센터 명칭으로나마 새띠고개가 남아 있고 새띠마을이 남아 있는 게 그저 반갑고 그저 고맙다.

새띠고개는 남부민동에서 암남동으로 가는 유일했던 길이다. 일제강점기 충무동에서 송도로 이어지는 해안을 매립해 송도 아랫길이 생기기 전까지 육로는 이 길이 유일했다. 새띠고개를 넘어 송도 송림 초가마을에 닿았고 암남 모지포 목마장에 닿았다. 고갯길 양쪽에서 하늘대는 새띠 하얀 꽃은

이태석 신부 생가 가는 길과 벽화

사람 발목을 얼마나 붙잡았을 것이며 내가 중학교 시절 그랬듯 탁 트인 바다는 사람 마음을 얼마나 붙잡았을 것인가. 형편이 허락된다면 언젠가는 나도 그리. 눈동자 선한 말 한 필 끌고 고개를 넘으며 새띠 하얀 꽃에 발목이 붙잡히리. 탁 트인 바다에 마음 붙잡히리.

"리어카도 못 다닐 정도로 길이 솔았지라. 그래서 소리길, 소리길 그랬어. 솔길이 소리길이야." 고갯마루 송도중학교를 지나면 왼쪽 아래가 '울지 마 톤즈'의 이태석 신부 생가다. 생가에 들렀다가 되돌아 나오면 버스 정류소 근처 이정표가 발목을 또 잡는다. '백년 송도 골목길'을 가리키는 이정표다. 골목길 축담 평상에서 만난 아흔 남짓 할머니는 왜정 때부터 여기에 살아 길 명예박사다. 송도 윗길을 넓혀 차가 다니게 된 이야기며 해수욕장

백년골목에서 만난 할머니

백년 송도 골목길

놀러 가는 송도상고생이 몰려다닌 솔길 이야기며 말도 또렷또렷하고 기억
도 또렷또렷하다. 가다가 먹으라며 양과자까지 건넨다. 골목길에서 접하
는 인심이다. 길이 좁다랄수록 인심은 널따랗다!

길을 넓혀 차가 다녔다던 송도 윗길. 송도 윗길은 그야말로 떵떵거리던 길
이었다. 얼마나 떵떵거렸을까. 긴말 필요 없다. 이 한 문장이면 족하다. 부
산 최초의 신작로! 신작로는 황톳길과 시멘트 도로의 중간치다. 평평하게
넓힌 황톳길 또는 그런 길에 자갈을 깐 도로였다. 1920년대 부산 최초 신
작로가 된 송도 윗길로 해수욕장 가는 차들이 몰렸다. 1950년대에는 한국
전쟁 피란민이 길 아래위에 터를 잡고 곳곳에 계단을 내었다. 그러면서 원
래 모습에서 멀어졌다. 이름마저 새띠고개에서 송도 윗길로 굳었다.

지금 선 곳은 백년 송도 골목길의 끝 지점. 이리 가면 송림공원이고 저리
가면 해수욕장이다. 어디로 갈까. 다리가 뻣뻣한 게 더 걷기는 무리지 싶
다. 해수욕장 저 너머 가물가물 보이는 천막은 암남공원 해녀 횟집이다. 모
지포 가는 버스를 타면 금방이다. 횟집은 생각만 해도 침이 꼴깍꼴깍 넘어
간다.

좀더 알아봅시다 / 조선시대 말 이야기

하마 · 범마 · 축마

조선시대 말은 귀물이자 애물단지였다. 말 때문에 말도 많았고 탈도 많았다. 말 일화만 모아도 상중하 장편소설이다. 대표적인 말 일화가 하마와 범마, 그리고 축마다. 이 셋과 관련된 이야기는 조선 사회를 때로는 서늘하게 했고 때로는 공분에 빠뜨렸다.

하마 下馬 는 말에서 내려 예를 갖추라는 엄명이었다. 몰라서 결례했다는 변명이 통하지 못하도록 하마비 비석까지 세웠다. 하마비는 상감 계신 궁궐이나 공자 모신 향교, 큰 절, 고을 원님 동헌, 명망가 묘소 등지에 세웠다. 부산에 남은 하마비는 모두 넷이다. 동래 향교, 범어사, 수영사적공원, 양정 하마정이다.

범마 犯馬 는 하마 반대말이다. 말에서 내리지 않고 그냥 지나치는 게 범마다. 졸다가 지나쳤고 급하다며 지나쳤다. 들키면 곤욕을 치렀다. 관가나 사가에 갇혀 이삼일은 예사로 닦달을 당했다. 임금 심부름이 급해 범마했던 내시조차 며칠이 지나서야 풀려났다. 지킬 것은 지켰던 조선의 정신이 범마였다.

축마 逐馬 는 국마장에 대한 반감이었다. 탐관과 오리는 국마장을 빌미로 민간 소유 땅을 가로챘고 말은 울타리를 넘어 민간 작물을 망쳤다. 이래저래 공분을 일으켰다. 부산 괴정에선 불만을 토로했다가 죽는 일까지 벌어졌다. 국마장이 타지로 옮겨가면 감격에 겨워 축마비를 세웠다. 남해군 이동면은 세 차례나 세웠다.

동래향교 하마비

주례 냉정고개

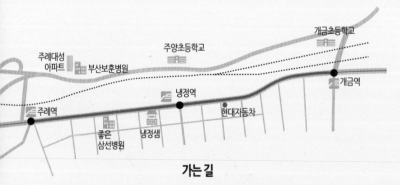

가는 길

오가는 시내버스는 많다. 북구나 사상 쪽과 서면을 오가는 시내버스는
거의 다 '냉정고개' 정류소에서 선다고 보면 된다.
도시철도 2호선 주례역에서 내려 서면 쪽으로 걸어가면 고개가 나온다.

"바로 여기가 냉정고개 아닌교.", "맞아요, 냉정고개.", "여기가 고개요. 저 아래로 가면 주례고 저기로 가면 서면이고." 여기는 '냉정고개' 버스 정류소다. 약간은 실망이다. 고개가 어째 펑퍼짐하다. 오르막은 확실하게 오르막이고 내리막은 확실하게 내리막인 고개를 기대했는데 오르막도 펑퍼짐하고 내리막도 펑퍼짐하다. 정류소에서 십 분가량 꾸물대며 일흔은 돼 보이는 어른 세 분에게 차례차례 '여기가 고개 맞느냐' 여쭤본 것도 그래서다. 대답은 한결같다. 여기가 냉정고개다.

미심쩍은 생각에 정류소 육교로 오른다. 육교 중간쯤 서서 바라보자 고개라는 실감이 비로소 난다. 주례 쪽도 그렇고 반대편 서면 쪽도 그렇고 풍광이 아스라하게 펼쳐진다. 특히 주례 쪽은 첩첩산중이다. 저 산을 휘돌아 낙동강 강물은 하단 바다에 닿을 것이며 저 산을 휘돌아 낙동강 노을은 사람들 마음에 스며들 것이다. 서면 쪽은 탁 트인 하늘. 백 년 전, 이백 년 전에도 하늘은 탁 트였을 것이다. 새벽에 첩첩산중을 바라보며 걸었다면 저녁엔 탁 트인 하늘을 바라보며 걷던 고갯길이 여기 냉정고개다.

'이 샘은 예로부터 냉정고개를 왕래하던 행인의 갈증을 해소하는 귀한 샘터였고 특히 부산장, 동래장, 하단장, 구포장, 김해장을 왕래하던 사람에게 물 좋은 샘터로 널리 알려져 왔다.' 냉정고개는 오일장 장꾼이 걷던 길이다. 장꾼이 장으로 가다가 잠시 쉬면서 목을 축이던 샘 이름이 냉정冷井 이었다. 찬 우물 냉정은 부산 여기만 있진 않았을 터. 조선팔도 곳곳에 냉정이 있었고 냉정고개가 있었다. 부산 냉정고개 유래가 된 냉정 샘은 지금도 남아서 동네 빨래터로 쓰인다. 냉정 샘 안내판에 나오는 부산장이며 동래장 등등은 몇 번을 읽어도 정겹다.

그 시절은 어땠을까. 부산진시장을 부산장이라 그러고 동래시장을 동래장이라 그러던 오일장 시절에도 지금처럼 펑퍼짐하고 왕복 10차선 도로가 들어설 만큼 널찍했을까. 물론 아니다. 고갯길 양쪽은 백양산 끄트머리와 엄광산 끄트머리다. 두 끄트머리가 겹치던 가파른 고개였다. 주례 쪽에서 장이 서면 첩첩산중을 보며 걷던 고갯길이 있고 서면 쪽에서 장이 서면 탁 트인 하늘을 보며 걷던 고갯길이었다. 고갯길은 1910년대 경부선을 놓으면서 평평해졌고 이후 경부선을 따라서 부산방직, 태화고무 등등이 들어서면서 넓어졌다.

냉정고개에서 주례 방향으로 본 풍광. 낙동강 너머 첩첩산중에 노을이 스며든다. 부산장, 동래장, 하단장, 구포장, 김해장을 오가는 장꾼이 찬 우물 냉정(冷井) 샘물로 목을 축이며 쉬어 가던 곳이 냉정고개다.

고갯길 답사는 어디서 시작하면 좋을까. 도시
철도 개금역에서 내려 냉정역 방향으로 걸어
도 되고 냉정역에서 내려 곧장 둘러봐도 되지
만 고갯길 걷는 맛을 조금이라도 보려면 주례
역에서 내려 좋은삼선병원을 끼고 걷는 게 낫
다. 주례역에서 냉정고개까지는 은근히 가팔
라 등짝에 땀이 밴다. 냉정고개를 거쳐 부산
진시장이나 동래시장까지 내처 걸으면 내가
장꾼 같단 생각도 들겠다. 내 안에 도사린 역
마살 같은 게 슬며시 불거질지도 모를 일이
다.

냉정샘 표지석

냉정 실내운전연습장, 냉정 온천찜질, 냉정
폰마트, 냉정마을 어울림센터. 냉정고개 대로
변과 도로 안쪽 이면도로에서 접하는 간판들
이다. 냉정고개는 옛 모습을 잃었어도 이름만
큼은 도로명으로, 간판으로 남아 고개 맛을
한껏 낸다. 둘러보다가 냉정역 5번 출구가 보
이면 걸음을 늦출 것! 5번과 3번 출구 샛길로
길을 꺾으면 이내 눈이 번쩍 뜨인다. 전설이
려니 여겼던 '냉정 샘'이 화강암 표지석과 함
께 샛길 오른편에 실화처럼 버티고 섰다.

냉정샘

"안 차가워요. 겨울엔 따뜻하고 여름엔 시원해요. 이런 물은 부산천지 없어요. 한 번도 안 말랐어요. 빨래하면 때도 잘 빠지고요." 냉정 샘에서 빨래하는 아주머니는 일흔셋. 당감동에서 이리로 이사 왔다. 큰애가 초등학교 5학년일 때 이사 왔으니 여기 산 지는 삼사십 년. 삼사십 년 살면서 단한 번도 마른 적이 없었다며 샘을 치켜세운다. 지금은 오염돼 빨래할 때나쓰이지만 샘물은 여전히 맑고 따뜻하고 시원하다. 손을 담그면 여전히 미끌미끌하다.

냉정 샘은 여기 주민에게 자부심이자 향수다. 그러기에 빨래하는 아주머니는 부산천지를 들먹이고 초등학교 시절 큰애를 들먹인다. 자부심은 근거가 충분하다. <택리지>는 1714년 나온 조선 지리서에 언급될 정도라고 냉정 샘 안내판은 밝힌다. 디지털 백과사전 한국향토문화전자대전에는 이렇게 나온다.

'택리지에 조선 13도 중 물이 청량하고 감미로운 곳이 3~4개소가 있는데 냉정동 물맛이 천하일품이라고 기록되어 있다. 또한 일본 도쿠가와 막부시대에 지방 제후들이 다도에 심취하여 다용수 茶用水 를 조선에까지 와서구해 갔다고 하는데, 이 다용수가 냉정 샘물이라고 전해 내려오고 있다.'

냉정고개 버스 정류소 부근엔 주유소가 모였다. 육교 저쪽에 두 군데, 이쪽에 한 군데. 냉정 샘을 보고 난 후라서 그렇겠지만 주유소가 현대판 샘으로 보인다. 장꾼이 샘에서 목을 축이듯 주유소에서 기름을 채우는 차들. 사람이 쉬어 가기 좋은 곳은 차도 쉬어 가기 좋은가 보다. 여기서 차가 쉬어 가듯 조선시대는 말이 쉬어 갔다. 고개 너머 태화고무 일대에 있던 자

1700년대 중반 〈지승〉. 지도 왼편 백양산과 엄광산 사이 붉은 실선이 냉정고개 가는 길이다. (규장각)

연마을 이름은 마철리 馬鐵里 다. 말을 쉬게 하면서 말발굽 갈아 끼우던 마을이었다. 태화고무 상표가 '말표'인 까닭을 알 듯하다.

고개 넘어 서면 쪽으로 걷자 저 멀리 황령산 꼭대기가 보인다. 옛 지도는 황령산 꼭대기를 봉 烽 으로 표했다. 조선 세종 때 쌓은 봉수대가 있었다. 봉수대는 위급할 때는 물론이고 평상시에도 봉홧불이나 연기를 피웠다. 평상시엔 왜 피웠을까. 짐작건대 그렇게 해서 봉홧불 담당자의 근무지 무단이탈을 막았다. 비 오는 날 빼고 매일 타올랐던 황령산 봉홧불, 비 오는 날 빼고 거의 매일 고갯길 넘었을 냉정고개 장꾼. 장꾼에게 봉홧불은 내일을 기약하는 희망의 등불이었다. 그새 해는 넘어가고 어둑하다. 봉홧불 같은 등불이 도로변에 하나둘 켜진다.

냉정고개 장꾼에게 황령산 봉홧불은 내일을 기약하는 희망의 등불이었다. 냉정고개에선 도로변 등불도 봉홧불 같고 낙동강 석양도 봉홧불 같다.

말만 들어도 뜨거워지는 '부산봉수대축제'

부산은 봉수대의 도시다. 한국 대도시 가운데 봉수대가 가장 많다. 가덕도 연대봉에서 기장 고리 아이포봉까지 현존 봉수대만 11군데다. 봉수대가 많은 건 부산이 해안선 기다란 해양 국경도시인 까닭이다. 국경에 탈이 생기면 가장 먼저 목격한 봉수대에서 봉홧불을 피웠고 인접 봉수대가 연이어 불을 지폈다. 봉홧불이 삽시간에 퍼지면서 조선팔도는 응전태세를 갖추었다.

부산시민의 날은 매년 10월 5일이다. 이순신 장군이 부산포에서 왜군을 크게 물리친 날이 그날이다. 왜군이 조선을 침략한 1592년 임진왜란 그때도 부산의 봉수대는 활활 타올랐다. 봉홧불은 이내 조선팔도 퍼졌고 고을마다 비상사태에 들어갔다. 중과부적과 무기 열세로 인해 왜란 초기 속속 무너지긴 했으나 해안 국경도시 부산은 맡은 소임을 다했다. 그 증명이 현존하는 부산 11군데 봉수대다.

부산 봉수대 축제를 열면 어떨까. 10월 5일 한 주간을 축제 기간으로 정해 부산의 모든 봉수대가 낮에는 연기 피우고 밤에는 봉홧불 피우면 신나지 않을까. 산불이 나면 이떡하느냐고? 걱정도 태산이다. 레이저 빔으로 대신하면 된다. 바다에서 바라보는 봉수대 풍광은 얼마나 장관일 것인가. 크루즈 관광 외국인은 낯선 장관에 눈이 휘둥그레지지 싶다. 무엇보다 시민의 날이 언제인지 모르고, 언제인지 알아도 왜 그날인지 모르는 시민이 줄어들 것이다. 봉수대축제, 말만 들어도 뜨거워지지 않는가.

황령산 봉수대. 세종 때부터 부산 바다를 지키던 호국의 성소다. 무사안녕을 염원한 평화의 상징이기도 하다.

배
산
토
현

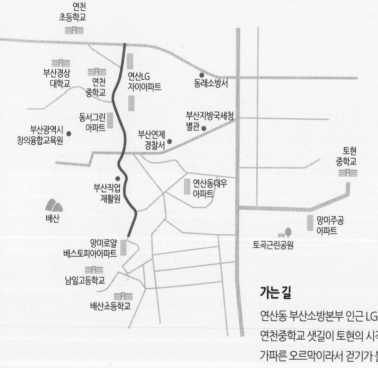

연천
초등학교

부산경상
대학교

연천
중학교

연산LG
자이아파트

동래소방서

동서그린
아파트

부산지방국세청
별관

부산광역시
창의융합교육원

부산연제
경찰서

토현
중학교

부산직업
재활원

연산동대우
아파트

배산

망미로얄
베스토피아아파트

망미주공
아파트

남일고등학교

토곡근린공원

배산초등학교

가는 길

연산동 부산소방본부 인근 LG아파트와
연천중학교 샛길이 토현의 시작이다.
가파른 오르막이라서 걷기가 불편하다면
연산LG아파트와 시청을 오가는
연제 7번 마을버스를 타도 된다.

토현초등학교, 토현교회, 토현성당. 모두 연제구 토곡 주공아파트 주변에 있다. 연산 9동 일대다. 토현에 대해 궁금해 하는 사람은 있어도 고개 이름 이란 사실을 아는 사람은 드물다. 호랑이 담배 피우던 시절 동래에서 수영에 갈 때 넘던 고개가 토현이다. 어떻게 아느냐고? 옛 지도에 그렇게 나온다. 옛 지도에 표기된 고개 지명이 '토현 兎峴'이다.

토현은 우리말로 토끼 고개 또는 톳고개다. 산토끼가 오글대던 고개였다. 조선팔도 어디에나 산토끼가 오글댔으므로 조선팔도 어디에나 토현이 있었다. 부산은 배산 끝자락 고갯마루가 토현이었다. 1872년 동래부 지도는 다른 고지도보다 토현에 대한 묘사가 섬세하다. 동래에서 수영으로 가려면 온천천 돌다리 이섭교를 건너서 수영강 쪽으로 한참 내려간 뒤 배산을 넘어야 했다. 배산 고개가 토현이었다.

배산 고갯길은 지금 어딜까. 산이 깎이고 건물이 들어서면서 정확한 위치를 단정하기 어렵다. 믿는 구석은 있다. 어제 어딘가에 분명 있었으므로 오늘 어딘가에 분명 있으리란 믿음이다. 어딘가에 분명 있을 흔적을 찾아내고 복원하는 일은 우리보다 앞서 부산에 살았던 이의 삶을 복원하는 일이며 개발과 성장에 매진하면서 무정하게 지워진 지역의 삶을 복원하는 일이다.

다행히 단서는 있다. '수영구 망미1동 톳고개로 「여름밤의 낭만극장」 개최.' 부산일보 2020년 2월 19일 기사 제목에 보이는 도로명 '톳고개로'가 그것이다. 기사는 톳고개로가 급경사 계단이 많은 주택 후면지역이란 점과 주민자치회를 중심으로 마을 공동체 사업이 펼쳐진다고 밝힌다. 경사가 급

한 '톳고개로'를 찾으면 오르막이 끝나는 그 어디쯤이 옛 지도 토현일 것이
다.

토현을 찾아 나선 날. 맑고 선선하다. 도시철도 교대역 6번 출구로 나오자
온천천에서 부는 물기 묻은 바람이 느껴진다. 온천천에서 부는 바람이다.
이쪽으로 방향을 잡은 이유는 순전히 '이섭교비 利涉橋碑 ' 때문이다. 1695
년 돌다리 이섭교 놓은 것을 기념해 세운 고색창연한 비석이 이섭교비다.
일제강점기 돌다리는 수난을 당했고 비석은 구박을 당했다. 돌다리는 무
너지고 방치되어 멸실했고 비석은 동래 금강공원으로 쫓겨났다.

현재 비석 있는 곳은 온천천 천변이다. 2012년 금강공원에서 이섭교가 있
던 자리 근처로 옮겼다. 중앙하이츠 2차 아파트를 지나 다리를 건너
면 보인다. 백두장사 같은 거구라서 찾기는 쉽다. 비석 뒷면엔 이섭
교를 놓은 연유와 내력이 숫자까지 곁들여 세세하게 나온다. 비석
뒷면을 비음 碑陰 이라 하고 거기 새긴 글을 음기 陰記 라고 한다. 음
기 원문과 해석은 부산시 홈페이지에 나온다.

다음 답사지는 과정공원. 연산8파출소와 이웃지간이다. 온천천 천
변을 걷다가 연산교 다다르기 직전 오른쪽 인도로 빠지면 된다. '더
샵' 아파트 단지를 지나면 도로 건너편에 과정공원과 돼지국밥집이
보인다. 공원과 국밥집 샛길로 들어가 갈림길에서 우회전한 뒤 초
등학교 담벼락에서 좌회전하면 된다. 조금 더 가면 도로 건너편
에 '톳고개로' 표지판이 보인다. 표지판이 가리키는 오르막이 옛
지도 토현으로 가는 길이다. 가는 길목에 연천중학교가 있어

온천천 천변에 있는 이섭교비

토현 고갯마루 전경. 토현은 토끼고개 또는 톳고개의 한자어. 산토끼 오글대던 고개였다. 어제 어딘가에 분명 있었으므로 오늘 어딘가에 분명 있으리란 믿음으로 찾아 나선 길이 토현 고갯길이다.

학교를 검색해서 가도 된다.

길은 어느 날 갑자기 생기지 않는다. 어느 날 갑자기 사라지지도 않는다. 어제 있었던 길이 대개는 오늘 이 길이다. 어쩔 수 없이 어제의 길을 지워야 할 때도 사람의 관성은 지워진 길을 기억해 가장 가까운 자리에 새길을 낸다. 그러기에 길은 누대에 걸쳐 이어진다. 그 길을 따라 누대에 걸친 삶이 이어지고 누대에 걸친 기억이 이어진다. 한 짐 가득 이고 지고서 오르막 오르며 흘렀을 땀방울로 딴딴해진 그 길을 오늘 우리가 간다.

오르막을 따라 '톳고개로' 표지판이 연이어 보인다. 차가 다닐 만큼 매끈한 길인데도 숨이 턱턱 차오른다. 옛날엔 훨씬 가파르고 거칠었을 텐데 그때 사람들은 어찌 올랐을까 싶다. 동암학교를 거쳐 표지판은 정수사 초입에서 정점을 찍는다. 정수사 초입이 곧 토현이고, 토현 고갯마루란 이야기다. 정수사는 '아름다운 청년' 이수현의 49재를 지낸 절이다. 연제구와 수영구의 경계를 이룬다. 절 이쪽은 연산동이고 저쪽은 망미동이다. 정수사 뒤로 올라가면 배산 둘레길이 이어진다.

토현 맞은편 풍경. 장산이 눈높이에 있다.

토현에 서서 부산의 풍광을 내려다본다. 연제와 수영 일대를 발아래 둔 기분이 호쾌하다. 맞은편 장산은 눈높이에서 까불댄다. 옛사람 역시 그랬으리라. 고생고생해서 여기를 올랐을망정 고갯마루 이 장쾌하고 호방한 기운은 세상을 발아래 둔 그것이었으리라. 눈 감으면 보이는 계수나무 한 나무 토끼 한 마리. 토끼는 달아나다간 뒤돌아보고 달아나다간 뒤돌아본다. 웅크린 토끼 잔등이 내가 올라온 고갯길만큼이나 둥그렇다.

바람은 여전히 선선하다. 교대역 바람이 강바람이라서 선선했다면 이곳의 바람은 배산 산바람이라 선선하다. 기장 바닷바람에 넌더리가 나서 산바람 산골로 거처를 옮겼던 서른 그때가 생각난다. 막막했으나 선선했던 시절이었다. 산길을 걷다가 마주치는 토끼들도 그랬다. 달아나다가 뒤돌아보고 또 달아나다가 뒤돌아보며 나를 그들의 길로 이끌었다. 옛사람처럼 내가 간 길도 결국은 토끼가 간 길이었다. 그러고 보면 살아오면서 넘은 고개고개가 토끼의 고개, 토현이었다.

좀더 알아봅시다 / 망미동 통일신라 우물터

"정말요? 거기에 그런 게 있어요?" 토현 고갯마루에서 내려오면 토곡 주공아파트 어름이다. 거기서 수영 방향으로 가면 도시철도 망미역쯤에서 길이 갈라진다. 수영교차로 가는 길과 망미동 부산병무청 가는 길이다. 교차로 방향으로 가면 수영 사적공원이 나오고, 병무청으로 가면 귀물이 나온다. 귀물은 뭘까. 통일신라시대의 우물이다. 하나도 아니고 둘이나 있다고 하면 다들 눈이 동그래진다. 열에 열 '정말요?' 그런다.

옛 지도는 배산 아래 망미동 일대를 '고동래현지 古東萊縣址'라고 적었다. '고읍성 古邑城'이라고도 했다. 조선시대 이전에는 망미동이 동래였고, 망미동이 부산에서 행정의 중심이었다는 이야기다. 이곳에 읍성을 지었고 촌락을 이루었다. 그 시절 유적이 2003년, 2004년 이 무렵 발굴됐다. 통일신라시대로 추정되는 우물터와 제방은 병무청 주차장에 복원했다. 우물을 둘러싼 제방은 옛날 옛적 토성을 빼닮았다.

망미동 가까운 수영강 강변에는 고려시대 유적지인 정자 정과정이 있었다. 정자 주인공은 정서 鄭敍 다. '내 님이 그리워 우니나니'로 시작하는 고려가요 '정과정곡'을 지었다. 고려 임금과 동서지간이지만 일이 꼬여 동래에 유배됐고, 유배지의 시름을 수영강 정자 강바람으로 달랬다. 동래정씨 정서가 지금의 동래가 아닌 망미동 가까이에 정자를 지은 이유는 뭘까. 딱히 기록은 없지만 당시엔 망미동이 동래라서 일가친척이 거기 살았기 때문일 터. 우물의 깊은 바닥을 내려다보며 시상을 다듬던 정서의 깊은 눈빛이 망미동 우물터에 스며 있다.

망미동 병무청 통일신라 추정 우물터

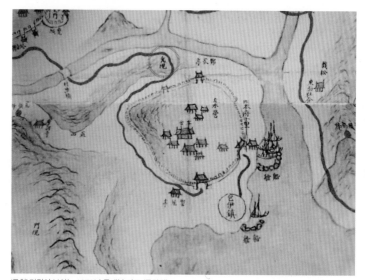

'토현' 지명이 보이는 1872년 동래부 지도 (규장각)

서동오시게고개

내성고등학교
부곡뉴그린 아파트
금정여자 고등학교
온천장역
서동 초등학교
동현 중학교
청년창업문화촌
서동미로시장
서명공원
서동예술창작공간
IBK기업은행
세웅병원
명서초등학교
서동역

가는 길

시내버스 29, 148, 155, 179, 183, 189번이 서동고개를 넘는다.
도시철도 4호선 서동역에서 내려 서동시장, 동현중 방향으로 길을 잡아도 된다.
삼거리로 갈라지는 고갯마루엔 청년창업문화촌이 있어
오시게고개의 '포스'가 감지된다.
고개 넘는 데 걸리는 시간은 이삼십 분 남짓이다.
서동시장에 들렀다가 고개를 넘어도 여유가 충분하다.

오시게고개는 삼거리 고개다. 금정구 서동에서 올라오는 길과 금사회동동에서 올라오는 길과 부곡동에서 올라오는 길이 고갯마루에서 만난다. 고갯마루에서 부곡동으로 내려오는 길목에 동현중학교가 있어 찾기는 쉽다. 중학교 담벼락 '오시게마을' 표지판은 여기가 숲이 우거지고 까마귀 까악 까악 울던 고개였음을 알린다.

오시게고개는 현재 서동고개로 불린다. 버스 노선도에 서동고개로 나온다. 도로명은 서동로다. 2010년 금정문화원에서 발간한 <금정문화-동상지역 편>에 나오는 오시게고개가 서동고개다. 이름이 가진 무게감은 서동고개보다 오시게고개가 훨씬 묵직하다. 동상지역은 어딜까. 서동과 금사동, 회동동을 합쳐 한동안 동상동이라고 했다.

오현 烏峴. 먹물이 든 사람은 오시게고개를 오현이라 했다. 오시게 오가 까마귀 오였다. 고갯길에 까마귀가 유독 많았다. 그래서 까막고개라고도 했다. 까치와 달리 까마귀는 사람을 꺼린다. 오시게고개에 인적이 뜸했음을 짐작할 수 있다. 실제로 뜸했다. 100년 전 이 일대 가구 수를 보면 안다. <경상남도 동래군 가호안>은 1904년 발간한 동래군 백서다. 거기에 이 일대 가구 수가 상세하게 나온다.

서동 28, 금천동 11, 사천동 21, 회천동 19, 동대동 8. 백서에 나오는 지역별 가구 수다. 금천동과 사천동이 합쳐 금사동이 됐고 회천동과 동대동이 합쳐 회동동이 됐다. 2018년 10월부턴 금사동과 회동동을 합쳐 금사회동동으로 부른다. 불과 100여 년 전, 저 너른 땅에 다 합쳐도 100가구가 안 살았다.

고개는 왜 넘었을까. 동상지역 사람이 오시게고개를 넘은 건 대체로 동래
나 동래시장에 가기 위해서였다. 동래에서 오일장이 서는 날이면 장을 보
거나 장에 팔려고 고개를 넘었다. 사는 처지가 팍팍했기에 사는 사람보다
파는 사람이 웃돌았을 것이다. 주로 밭작물이나 산약초, 민물고기 등속을
팔았다.

오시게고개 전경. 금정구 서동과 부곡동을 잇는 고개다. 시장에서 점포 하나 얻지 못하는 따라지였으나 장딴지 알통만
큼은 천하제일이던 장돌뱅이 억척으로 일군 오시게시장이 있었다.

동래시장은 원래 동래장으로 불리던 오일장이었다. 뒷자리가 2일과 7일인 날에 장이 섰다. 그러다 1937년 10월 상설시장으로 바뀌었고 이후 2년 동안 오일장과 상설시장이 동거했다. 오일장이 자립할 기간을 줬던 셈이다. 그렇긴 해도 오일장 장꾼에게 마른하늘 청천벽락이었다. 기껏 자리를 잡았는데 어디로 가란 말인가.

오시게고개를 넘던 장꾼은 타격이 더 컸다. 구포장도 있었고 범일동 부산장도 있었지만 그들에게 가장 가까운 시장은 동래장이었다. 동거기간 2년은 하루하루 살얼음이었다. 허가를 받아 장사하는 상설시장 상인에게 무허가 장꾼은 눈엣가시였다. 2년이 지나자 지저분하단 이유로 장터에서 쫓겨났다. 먹고는 살아야겠고 장터는 잃었고 하루하루 답답했고 막막했다.

"우짤꼬, 우짤꼬." 동상지역 장꾼은 고갯마루 삼거리에 등짐, 머릿짐을 내려놓고 한숨을 푹푹 내쉬었다. 그러면서 이 짐 저 짐 구경삼아 들추었다. 필요에 따라 이 짐 저 짐 바꾸기도 하면서 사기도 하면서 자연스럽게 난전이 들어서고 시장이 들어섰다. 오시게고개가 있고 오시게마을이 있어서 오시게시장이라 불린 새 시장의 역사는 그렇게 쓰였다.

오시게시장은 불굴의 상징이었다. 시장에서 점포 하나 얻지 못하는 따라지였으나 장딴지 알통만큼은 천하제일이던 장돌뱅이의 억척으로 일군 시장이었으며, 장터에선 내쫓겼으나 삶터에선 내쫓길 수 없던 갑돌이갑순이의 질긴 생명력으로 일군 시장이었다. 앞은 보이지 않고 뒤로 물릴 수도 없는 답답하고 막막한 처지에서 고개를 넘을 때마다 한 돌 한 돌 올린 돌탑 같은 시장이 고갯마루 오시게시장이었다.

시련은 또 닥쳤다. 자리를 잡는가 싶던 차였다. 1970년대 들면서 인근 금사동에 공단이 들어섰다. 고갯길 따라 도로가 놓이게 되고 오시게시장에는 다시금 찬바람이 불었다. 공단에 떠밀려 도로에 떠밀려 울며 겨자 먹기 식으로 짐을 쌌다. 고갯길이 끝나는 지점은 부곡동. 멀지 않은 그곳에 너른 공터가 있어 그나마 다행이었다.

금사공단은 부산 첫 산업단지였다. 첫 공단이 금사동에 들어선 건 여러 요인이 있었다. 도시 외곽이었고 고속도로가 가까웠다. 무엇보다 노동력이 풍부했다. 일거리를 찾아 도시로 온 이농민도 있었지만, 시내에 살다가 이리로 옮긴 정책이주민이 많았다. 부산시는 1960년대 말부터 도시 정비와 환경정화에 공을 들였다. 이에 따라 중구 영주동 등지 고지대 주민은 1968년 금사동 인근 서동과 반송동으로 이주했다.

정책이주 흔적은 지금도 고스란히 남아 있다. 서동시장에서 오시게 고갯마루로 이어지는 도로변 뒷골목은 이층 재건주택이 일색이다. 이 재건주택 정책이주민 거주지였다. 비좁은 골목을 사이에 두고 기다랗게 이어지는 이층주택을 보노라면 괜스레 콧날이 시큰해진다. 시큰해진 콧날을 데우려 찾아간 서동시장 역시 재건주택 골목에 들어선 시장

서동 골목

서동미로시장

이다. 골목이 얼마나 오밀조밀한지 들어가기는 쉬워도 빠져나오기는 어렵다. 그래서 시장 명칭이 서동미로시장이다.

부곡동 오시게시장은 잘나갔다. 2일, 7일 장날이면 부곡동에서 온천장 입구까지 장터로 바뀌었고 뒷사람에 떠밀려 다닐 정도였다. 그러나 호사다마였다. 좀 살 만하니 개발의 바람이 드세게 불었다. 도심이 확대되면서 너른 공터가 도시계획에 들어갔다. 1982년 구서동 태광실업 건너편으로 또다시 옮겼다. 거기도 개발되고 무허가를 성토하는 민원이 생기면서 1994년 지금 있는 자리, 도시철도 1호선 종점 노포역 맞은편으로 옮겼다.

오시게시장은 어디에서도 오시게시장이다. 어디로 떠밀리든 금방금방 일어선다. 지금 옮긴 자리에서도 장날이면 시골 엔간한 장은 저리 가라 할 정도로 사람이 미어터진다. '부산에 이런 곳이 있었나.' 시장에 들어서면 나만 그런 생각이 드는 게 아니라 누구나 그런 생각이 든다. 진짜다. 언제 어디서든 억척으로 일어서고 질긴 생명력으로 일어서는 시장, 거기가 부산의 오시게시장이다. 오시게고개는 그 원조다.

좀더 알아봅시다 / 서동의 유래

서쪽 서西어서
글 서書로

금정구 서동의 한자 표기는 書洞이다. 원래는 西洞이었다. 조선시대는 글 서 書 나 붓 필 筆 을 행정지명에 함부로 쓰지 못했다. 함부로 썼다가는 글을 전가의 보도처럼 떠받들던 양반에게 곤장을 맞기 십상이었다. 이 책 '성북고개'에서 밝혔듯 지명은 동서남북이나 내외, 상하를 보편적으로 썼다. 서동은 동상면 서쪽에 있어서 붙여진 지명이었다.

동상면은 뭘까. 이 또한 밝혔다. 동래읍 동쪽에 있던 동면은 해운대 일대. 마을이 커져 상하로 나누면서 동상면, 동하면이 생겼다. 1904년 발간 동래군 백서에는 동상면에 명장동, 서동, 오륜동, 석대동, 반송동, 반여동이 있고 동하면에 재송동, 우동, 중동, 좌동이 있다. 동상동은 동상면에서 유래했다. 1959년부터 1982년까지 서동, 금사동, 회동동 세 동을 합쳐 동상동이라 했다. 영도 동삼동과 지명이 비슷해 헷갈리곤 했다. 하지만 전혀 다르다. 동삼동은 동쪽 세 마을인 상리, 중리, 하리를 합친 지명이다.

부산도시철도 서동역

서동은 어쩌다 글 서書로 바뀌었을까. 2010년 금정문화원 발간 〈금정문화〉에 실
린 내력이 곰살맞다. 기장 전부와 양산군 일부가 동래군에 편입된 1914년 동상면
은 동래읍에 편입되고 기능을 상실한 면사무소는 서당으로 쓰였다. 당시 동상면
면장은 서동 출신. 관할이 바뀌는 어수선한 시기에 애향심을 발동해 서쪽 서에서
글 서로 급조했단다. 글을 떠받들던 양반네가 쌍심지 켜도 '서당이 있어서 그랬노
라' 빠져나갈 구멍은 있었다.

양정 모너머고개

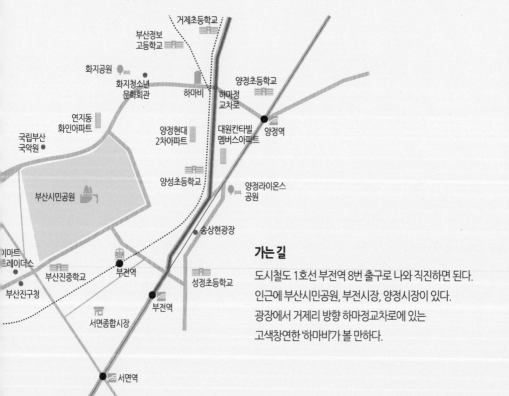

거제초등학교

부산정보
고등학교

양정초등학교

화지공원

화지청소년
문화회관

하마비

하마정
교차로

연지동
화인아파트

양정현대
2차아파트

대원칸타빌
멤버스아파트

양정역

국립부산
국악원

양성초등학교

양정라이온스
공원

부산시민공원

송상현광장

이마트
트레이더스

부산진중학교

부전역

성정초등학교

부산진구청

부전역

가는 길

도시철도 1호선 부전역 8번 출구로 나와 직진하면 된다.
인근에 부산시민공원, 부전시장, 양정시장이 있다.
광장에서 거제리 방향 하마정교차로에 있는
고색창연한 '하마비'가 볼 만하다.

서면종합시장

서면역

지금 내가 선 곳은 부전동 송상현광장이다. 서면과 양정교차로 중간쯤 된다. 서면 쪽으로도 탁 트였고 양정 쪽으로도 탁 트였다. 왕복 10차선 가까운 도로는 차가 줄지어 다닌다. 정체하지 않고 신호에 걸리지 않는다면 서면과 양정은 한달음 거리다. 가다가 고개를 들면 서면이고 가다가 고개를 들면 양정이다.

옛날에도 그랬을까. 그 옛날에도 탁 트였고 한달음 거리였을까. 광장 한쪽 안내판에는 '천만의 말씀'이라고 그런다. 옮기자면 이렇다. '이곳은 예부터 모너머고개라 불렀다. 지금은 고개라 느낄 수 없을 정도의 평지가 되었지만 과거에는 이곳을 경계로 부산의 안과 밖이 나뉘었다.'

모너머고개. 부산의 안과 밖. 뭐지? 뭔지는 몰라도 뭔가 있을 것 같은 예감이 든다. 여기가 예전에 고개였다는 이야기인데, 고개 이름이 예사롭지 않고 '부산의 안과 밖'이 예사롭지 않다. 이 둘에 담긴 비하인드 스토리를 알게 되면 부산에 좀더 다가가고 좀더 가까워지고 좀더 스며들 것 같은 느낌이다.

모너머, 모너머, 모너머…. 모너머고개를 알려면 '못 넘어' 발음이 날 때까지 고개 이름을 열 번이고 스무 번이고 되뇌어야 한다. 그렇긴 해도 부산 사람은 백 번을 되뇌어도 '모너머'고 평생을 되뇌어도 '모너머'다. 애당초 받침 발음을 꺼려서 그렇고 '못 넘어'보다는 '모너머'가 훨씬 다급하고 현장감 있게 들려서 그렇다.

모너머고개는 별칭이 여럿이다. 학교 다닐 때 편한 친구를 별명으로 불렀듯 보통 사람의 삶에 스며든 고개라는 방증이다. 마비현, 신좌수영고개가

별칭이다. 마비현 馬飛峴 은 말이 날아다니는 고개라는 뜻이다. 옛 지
도에 그렇게 나온다. 좌수영고개는 이 일대에 있던 신좌수영마을에
서 유래한다. 마을이 컸던지 전차가 섰다 갔다.

<영남읍지>는 구한말 고지도다. 1894년 제작한 이 지도의 동래부에
'마비현'이 등장한다. 망미동 배산과 전포동 황령산, 양정 화지산으로
이어지는 능선을 가로지르는 고개가 마비현이었다. 부산진이나 주례

모너머고개가 있던 자리. 부전동과 양정 하마정 사이에 있는 송상현광장 일대가 예전엔 고개였다. 이곳을 경계로 부산
의 안과 밖이 나뉘었다. 1909년 부산진과 동래를 잇는 철도를 놓으면서 헐려 평지가 됐다.

방면에서 동래로 가려면 마비현을 넘어 세병교를 건넜다. 내 이야기가 아니고 지도가 그렇다고 한다. 그런데 왜 마비현이지? 얼마나 많은 말이 펄펄 날아다녔기에 그런 이름을 얻었을까. 누구는 대연동 석포에 있던 국마장에서 달아난 말이 이 고개를 넘었다고 하지만 그 말을 곧이곧대로 믿기에는 석포가 너무 멀다.

지금도 먼데 울울창창 그 옛날에 말이 어디 갈 데가 없어서 머나먼 이 고개를 넘었을까 싶다.

부산진구가 발행한 구지 區誌 의 설명은 그럴듯하다. 합리적이라서 의심이 들지 않는다. 거기 따르면 고개 높이는 50m 남짓이다. 나지막했지만 말이 나는 형상이었다. 그러니 마비현이었다. 숲이 울창해서 부산장과 동래장을 오가는 장꾼을 노리는 도적이 도사렸다. 그래서 넘기 힘든 고개였고 못 넘는 고개였다.

'부산의 안과 밖'은 무슨 말일까? 지금 기준으로 부산의 안은 부산이고 밖은 경남 또는 울산이다. 그러면 여기가 부산의 경계였다는 말일까? 꼭 들어맞는 것은 아니지만 얼추 비슷하다. 모너머고개 이쪽은 부산 안, 저쪽은 부산 바깥으로 여겼다. 이 또한 믿기 힘들겠지만 옛 지도를 보면 금방 수긍된다. 배산과 황령산, 화지산 능선이 부산을 딱 반으로 가른다.

그런데 여기서 말하는 부산은 어디를 말하는 걸까. 조선시대 행정 중심지는 동래였으니 동래가 되기도 하지만 행정지명으로 따지면 그때는 부산진 이쪽이 부산이었다. 그러니까 부산진이나 중앙동 사람이 보면 그들이 있는 데가 부산 안이고 그 너머 동래는 부산 밖이었다.

못 넘는 이유는 또 있었다. 용두산 왜관은 불가근불가원이었다. 내치기도 난감했고 받아들이기도 난감했다. 내치면 불화를 일으켰고 받아들이면 불법을 저질렀다. 그래서 어느 정도 선을 그을 필요가 있었다. 그런 선의 하나가 모너머고개였다. 조선은 왜관 일본인 활동 범위를 10리나 50리, 100리 등으로 한정해 단속했다. 이를 간행이정 間行里程 이라고 했다. 부산의 간행이정은 모너머고개였다.

모너머고개는 언제 평지가 됐을까. 소설가이자 향토사학자 최해군 선생이 생전에 했다던 말이 그 답이 되겠다. 들은 이는 부산시 시사편찬 상임위원을 지냈던 표용수 선생이다. 범내골 동천 다리 광무교를 언제 가설했는지에 대한 이야기였는데, 다리를 가설하던 그때 모너머고개를 허물었으니 답은 된다.

평지가 된 시기는 1909년 8월에서 11월 무렵이다. 이 기간 당시로선 '어마무시'한 일이 벌어졌다. 한국 최초의 사철 私鐵 인 부산궤도 軌度 를 그해 8월 착공했고 11월 준공했다. 이 궤도를 따라 증기기관차가 부산진과 동래 남문을 오갔다. 광무교를 이때 놓았고 모너머고개를 이때 허물었다. 12월에는 남문에서 온천장으로 궤도를 연장했다. 1915년 전차도 다니다가 이듬해부터 전차만 다녔다. 궤도 노선은 전차 운행이 중단된 1968년까지 있었다.

평지가 된 모너머고개를 지나던 전차. 동아대 부민 캠퍼스에 전시돼 있었다.

내가 있는 곳은 아직도 송상현광장이다. 지금은 없어진 고개를 생각한다. 부산궤도를 놓은 이유는 순전히 하나다. 그때 이미 조선에서 주인 행세를 하던 일본인이 온천장 욕탕에 편히 가도록 하기 위해서였다. 고작 목욕탕 가려고 천년만년 산줄기를 자르고 천년만년 고개를 허물었으니 통이 크다면 크고 몰지각이라면 이런 몰지각이 없다.

산은, 허물기는 쉬워도 다시 쌓기는 어렵다. 섬나라 왜는 어쩌자고 감당도 못 할 일을 저질렀는지…. 지역에 대한 애정이나 배려가 단 일도 없었다는

송상현광장. 송상현은 임진왜란 동래읍성 전투에서 순절한 동래부사다.

방증이다. '죽기는 쉬워도 길을 내주기는 어렵다'며 왜군에 맞서 임진년 순절한 송상현 동래부사. 그를 기리는 송상현광장 동상은 아까도 그렇고 지금도 그렇고 눈매가 엄하다. "네 이놈!" 광장 가로수는 어찌나 얼이 빠졌는지 아까도 그렇고 지금도 그렇고 완전 빳빳한 차렷 자세다.

송상현 동상. 왜군에 맞서 순절한 임진왜란 동래부사 송상현을 기리는 동상

모너머고개가 나오는 옛 지도〈영남읍지〉. 지도에 보이는 마비현(馬飛峴)이 모너머고개다. (규장각)

좀더 알아봅시다 / 고지도의 종류

회화식·기호식·방안식·백리척

옛 지도는 그림일까, 지도일까. 둘 다다. 그림이면서 지도다. 조금씩은 다르다. 어떤 건 그림에 가깝고 어떤 건 지도에 가깝다. 그림에 가까우면 회화식 지도이고 지도에 가까우면 기호식·방안식·백리척이다.

회화식 지도는 말 그대로 산수화 지도다. 옛날에는 하늘의 기운이 산을 통해 사람에게 이어진다고 생각했다. 풍수지리에 바탕을 둔 발상이었다. 그래서 고을을 그릴 때 관아 같은 건축물보다 산과 산줄기를 더 강조했다. 그게 회화식 지도다. '마비현'이 나오는 〈영남읍지〉가 여기에 든다.

그림에 치중한 회화식 지도의 보완이 기호식 지도다. 관아, 도로, 하천, 논, 밭 등등 다양한 지표를 간단명료한 기호로 도식화했다. 예를 들어 일반 읍성은 붉은색 원, 병영 육군 과 수영 해군 은 청색 사각형 식이었다. 1700년대 중엽 제작한 〈조선지도〉가 대표적이다.

방안식 方案式 지도는 모눈종이 지도다. 기호식 지도에 눈금을 동일한 규격으로 그려 정확성을 꾀했다. 모눈 하나의 한 변은 1리, 또는 10리, 20리 등을 나타내었다. 1700년대 중반 제작한 〈영남지도〉가 1리 방안식 지도고 1800년대 초 제작한 〈팔도지도〉가 20리 방안식 지도다.

백리척 百里尺 은 100리를 1척 尺 , 10리를 1촌 寸 으로 나타냈다. 굴곡이 심한 산지는 1자가 120리 또는 130리였다. 실제 걸리는 시간을 고려했다. 산지와 평지는 같은 거리라도 걸리는 시간이 달랐기 때문이다. 1700년대 중엽 〈동국지도〉에 처음

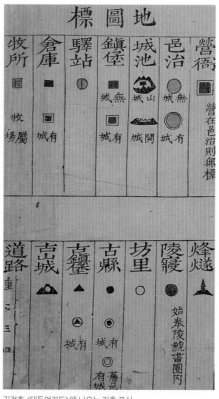

김정호 〈대동여지도〉에 나오는 기호 표식

도입한 이래 지도 제작 기법의 강자로 등극했다. 김정호 〈청구도〉와 〈대동여지도〉
가 백리척이다. 김정호는 10리가 1촌인 '매방십리 每方十里' 축척법을 사용했다.

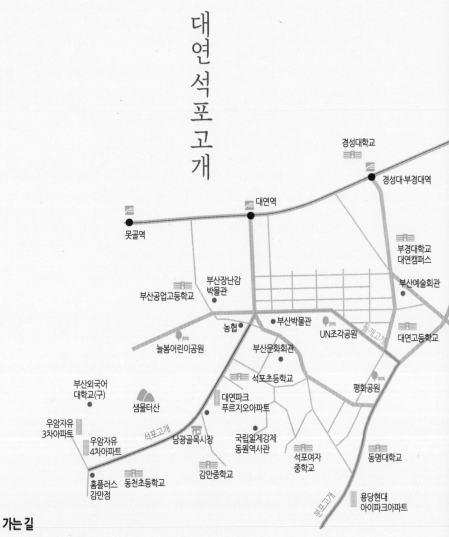

대연 석포 고개

가는 길

도시철도 2호선 대연역에서 내려 부산문화회관으로 가면 된다.

거기서 감만 홈플러스까지가 석포고개다. 도중에 일제강제동원역사관, 남광시장이 있다.

고갯길 순례는 감만 홈플러스에서 시작하는 게 좋다.

대연역에서 시내버스 51번을 환승하면 종점이 홈플러스다.

포구는 '개'다. 개는 포구의 순우리말이다. 정말인가 싶겠지만 옥편이 그렇다고 한다. 거기에 '개 포'로 나온다. 옛날 사람은 포구라는 어려운 한자 대신 개를 썼다. 부산진구 전포는 밭개라 했고 사상구 덕포는 언덕 덕을 써 덕개라 했다. 바위 언덕이 포구를 내려다봤다. 바위 언덕은 지금도 일부 남아 있다.

'개'는 고어일까. 아니면 사투리일까. 둘 다 아니다. 지금도 엄연히 쓰는 현대어다. 국어사전에도 버젓이 나오는 표준어다. 역시 정말인가 싶겠지만 정말이다. 개펄, 갯가, 갯바위, 갯장어 등등이 다 개에서 나온 말이다. 국어사전은 개를 '강이나 하천에 바닷물이 드나드는 곳'으로 설명한다.

석포는 돌개라 했다. 매립되기 전의 부산박물관 일대가 석포였다. 조선 어디라도 몽돌이 많거나 갯바위 많으면 석포였지만 부산의 석포는 결을 달리했다. 산에서 떠내려온 돌이 넘쳐서 석포이기도 했지만 돌로 쌓은 성, 석성 石城 이 있어서 석포이기도 했다.

석성은 국마장이었다. 나라에서 키우는 말이 달아나지 않게 돌무더기를 쌓았다. 석포는 한 시절 부산을 대표하던 포구였다. 부산의 고지도에도 거의 빠지지 않고 나온다. 어떤 지도에는 순박한 인가가 몇 채 나오고 어떤 지도에는 육지 끄트머리 당당하게 나온다.

석포고개는 석포로 가던 고개였다. 고개는 둘이었다. 용당에서 가는 고개가 있었고 감만에서 가는 고개가 있었다. 가려는 데가 같아 고개 이름은 비슷했다. 용당에서 평화공원, UN공원, 부산문화회관으로 이어지는 고개는 돌개고개였고 감만에서 남광시장, 국립일제강제동원역사관, 문화회관으로 이어지는 고개는 석포고개였다.

그렇긴 해도 지금 쓰는 도로명은 완전히 달라졌다. 할아버지 대에선 형제였다가 후대로 내려오면서 뿔뿔이 갈라진 집안 같다. 돌개고개는 유엔평화로가 됐고 석포고개는 석포로가 됐다. 석포로는 감만 홈플러스에서 부산문화회관까지 왕복 4차선이다. 거리는 2km 채 안 되지만 버스정류소는 넷이나 된다. 대형 아파트 단지가 속속 들어서면서 버스 세울 데가 많아졌다.

석포고개 전경. 남구 감만동과 대연동을 잇는다. 조선시대 부산 대표 포구에 들던 석포(石浦)가 근처에 있었다. 조선시대 국마장이 있었으며 한국 최초로 사회복지를 실천했던 남광사회복지회가 있었다.

"감만동에서 대연동 가는 지름길이었지. 용당으로 빙 둘러서 가는 길도 있었고." 고갯마루 '남광시장' 정류소에서 버스를 기다리던 노인은 올해 아흔이다. 마스크를 써서 그렇게 보지 않았는데 몇 마디 나눠 보니 연배가 나왔다. 그 연배쯤 돼서야 알 수 있는 옛 모습을 술술 들려줬다. 대연동 산지는 50년. 차 두 대가 겨우 지나다니던 석포고개는 그새 이리 넓어졌다. 용당에서도 가는 길이 있었다. 정류소 맞은편 남광시장 뒷산 너머 길이 돌개고개였다.

용당에서 대연으로 이어지는 돌개고개. 왼쪽은 부산문화회관. 석포의 순우리말이 돌개지만 석포고개와 돌개고개는 엄연히 달랐다. 돌개고개는 현재 유엔평화로, 석포고개는 석포로다.

남광시장은 시장치고는 이름이 특이하다. 시장은 열에 아홉 그 지역 지명을 이름으로 쓴다. 그래야 대표성을 얻기 수월하며 오래 기억한다. 여기 시장도 작명할 때 그런 걸 고려했을 것이다. 그런데도 지명 대신 다른 이름을 썼다면 필히 곡절이 있다. 지금은 틀리지만 그때는 맞았다는 이야기다. 남광시장 이 일대는 사실 기념비적인 곳이다. 한국 최초로 사회복지를 실

석포고개 고갯마루 남광시장

천했던 남광사회복지회 발상지다. 동항초등학교 교장을 지냈던 감만동 지킴이 이규섭 선생은 남광사회복지회 모태가 광복 이듬해 1946년 세운 남광학원이라고 밝힌다. 남광학원은 어수선하고 가난하던 한국전쟁 시기에는 고아나 갈 데 잃은 아이들을 품었다가 사회로 내보냈다.

남광시장은 남광학원 있던 데다. 일신기독병원 설립자인 호주 매켄지 선교사가 1909년 세운 한센병 치료 전문병원 상애원이 여기 있었다. 한센병 환자는 일제에 내쫓겨 1935년 소록도로 이주했고 병이 나은 음성환자는 오륙도가 보이는 용호농장으로 이주했다.

1946년 들어선 남광학원은 선각이었다. 먼저 깨우친 자였다. 정부가 고아와 혼혈아를 입양하려고 한국아동양호회를 세운 게 1954년이고 미국인 홀트 부부가 한국전쟁 혼혈고아 8명을 입양하면서 홀트아동복지회를 세운 게 1955년이니 거의 10년이나 앞선 선각이다. 1970년 시설이 금정구 노포동으로 옮겨가면서 여기는 서서히 시장으로 바뀌었다. 남광학원 있던 데라서 남광시장, 또는 학원시장이라고 불렀다.

남광시장 있는 곳은 석포고개 고갯마루다. 갈 데 없던 아이들이 넘어오던 고갯마루였고 그 아이들이 새 삶을 찾아 넘어가던 고갯마루였다. 넘어올 때는 건드리면 폭삭 내려앉을 것 같던 아이들이 몽돌처럼 단단해져 넘어가던 고갯길이기도 했다. 누구라도 그럴 때 있다. 건드리면 폭삭 내려앉을 것 같은 날들. 그렇다고 해서 누군들 그리 쉽사리 내려앉을까. 그럴수록 몽돌처럼 단단해져 한 고비 두 고비 고갯길 기어이 넘기는 게 우리네 삶이지 않던가. 그런 고개의 으뜸이 석포고개다.

'황령산에서 용호만으로 흘러내리는 이곳의 하천에 돌, 자갈이 많아 돌개 또는 석포 石浦 라고 하였다.' 돌은 왜 많았을까. 오죽했으면 지명으로 쓰였을까. 그 궁금증을 남구청이 2014년 펴낸 향토지가 풀어준다. 홍수가 나면 황령산 계곡을 따라 떠밀려온 돌이 그리 많았다. 향토지에는 석포 위치까지 소상하게 나온다. 부산공고 뒷산인 천제등과 조선 수군 전선을 정박했던 전선등 사이에 있었다. 전선등은 옛 부산외대 자리다. 비사등이라 불린 부산박물관 근처도 석포에 들었다.

석포는 대단했다. 그러기에 옛 지도에 꼬박꼬박 나왔다. 1871년 고지도 <영남읍지> 동래부지도의 경우 기장을 제외하고 포구란 명칭이 들어간 데는 두 군데뿐이다. 석포와 분포다. 분포는 소금을 나라에 바치던 공염 公鹽 이 있었다. 포구는 더 있었겠지만 중요도에서 밀렸다. 그만큼 석포는 대단했다.

석포는 왜 대단했을까. 나라에서 말을 관리하던 국마장이 있었다. 이른바 석포목장이었다. 마성 馬城 이라 불린 성도 있었다. 조선시대까지만 해도 말은 한 필 한 필 국력이었고 군사력이었다. 대연동 석포에서 용호동 남부면허시험장까지 목책을 두르고 군마를 방목해서 키웠다.

석포. 한때는 부산 대표 포구였으며 나라가 관리하던 국마장이었으며 한국 최초로 사회복지를 실천했던 성소, 석포. 그런 곳을 품은 고개라서 그런지 고갯길 걷노라면 내딛는 걸음마다 나도 모르게 힘이 들어간다. "너희가 석포를 아느냐, 너희가 석포를 아느냐." 남은 모르는 걸 나는 아는 것 같아 어깨에도 힘이 잔뜩 들어간다.

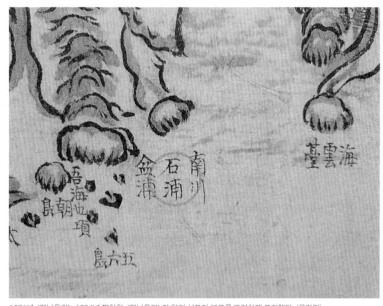

1871년 〈영남읍지〉. 1894년 편찬한 〈영남읍지〉와 달리 석포와 분포를 또렷하게 표기했다. (규장각)

용호동과 용당동 잇는
소금고개

석포와 함께 부산 대표 포구에 들던 용호동 분포는 소금 포구였다. 이 일대는 예전에 모두 갯가였고 염전이었다. 화분 같은 큼지막한 질그릇에 가득 채운 바닷물을 끓여 소금을 내었다. 그래서 분포라 했다. 우리말로 분개라 그랬고 토박이들은 '분깨, 분깨' 그랬다. 햇볕에 말린 소금 천일염이 아닌 구운 소금 자염 煮鹽 생산지였다. 천일염이 일제강점기 국내 들어온 외래 소금이라면 자염은 조선의 소금이었다. 병치레가 잦던 세종이 자염국을 애용했다.

'어머니가 나를 업고 염전에서 소금을 받아 감만동, 우암동, 문현동으로 다니며 소금을 팔았다.' 감만동 동항초등 23회 졸업생 최방식 용당새마을금고 이사장은 향토사를 단행본으로 낼 정도로 지역에 해박하다. 최방식 이사장에게 분포고개는 어머니 추억이 서린 어린 시절이다. 어머니는 분개 소금 담은 목반을 머리에 이고서 고개 넘어 팔러 다녔다. 어떤 날은 소금 목반이었고 어떤 날은 생선 대야였다.

분포고개는 용호동과 용당동을 이었다. 동명불원 오가는 도로가 거기다. 같은 고개를 두고 용호동 사람은 분개고개라 했고 용당동 사람은 용당고개라 했다. 자기가 사는 지역에 대한 자부심이랄지 애향심을 같은 고개 다른 이름에서 엿본다. 최이사장은 용호의 문화와 용당의 문화가 이 고개를 매개로 교류했다며 의미를 둔다. 황톳길 고개는 1970년대 도로로 바뀌었다.

불가에 삼사순례가 있다면 고개도 삼사순례가 있다. 대연동 일대 고개의 삼사순례 시작은 감만 홈플러스다. 거기서 문화회관으로 갔다가 수목원 지나 동명불원 넘어가 보자. 석포고개, 돌개고개, 분개고개를 거치는 '삼고개순례'가 된다.

용호에서 용당으로 이어지는 분포고개. 왼쪽은 동명불원

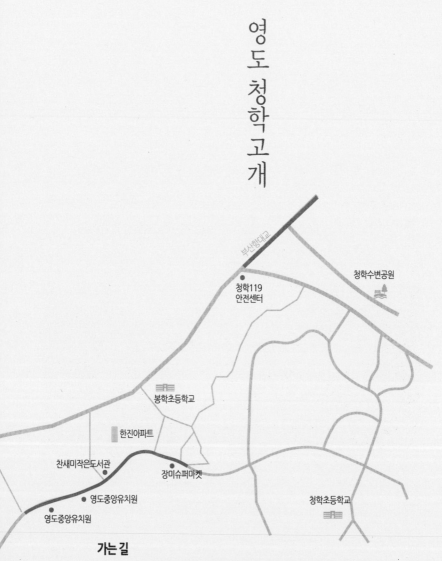

영 도 청 학 고 개

부산항대교

청학수변공원

청학119
안전센터

봉학초등학교

한진아파트

찬새미작은도서관

장미슈퍼마켓

청학초등학교

영도중앙유치원

영도중앙유치원

가는 길

시내버스 82번과 85번이 청학고개를 지나거나 청학고개가 종점이다.

고개 걷는 맛을 좀 보려면 청학시장 뒤편으로 올라가도 된다.

청학고개로 이어지는 비좁고 가파른 골목길을 오르다 보면 아리랑 한 소절이 저절로 나온다.

"이 길이 옛날부터 있던 아리랑고개요." 청학고개는 예명이다. 본명은 아리랑고개다. 버스정류소 명칭은 비록 청학고개지만 토박이 입에 붙은 이름은 아리랑고개다. 고갯마루 맛집 주인 역시 아리랑고개가 입에 붙었다. 청학초등학교를 1965년 졸업한 여기 토박이라서 말끝마다 아리랑고개, 아리랑고개 그런다.

오프라인만 그런 게 아니다. 온라인도 그렇다. 인터넷에서 '부산 청학고개'를 검색하면 버스 노선이 먼저 뜨지만 '부산 아리랑고개'를 검색하면 지도와 함께 지식백과며 웹사이트에 관련 정보가 수두룩하게 뜬다. 온라인에서도 입에 붙은 말은 아리랑고개다.

아리랑고개는 보통명사에 가깝다. 어느 특정 지역을 지칭하는 고유명사가 아니라 유별나게 까칠하고 까탈스러운 방방곡곡 모든 고개가 아리랑고개다. 아리랑 아리랑 아라리요, 아리랑 장단에 발걸음 보조를 맞추고서야 천신만고 간신히 넘던 고개 중의 고개가 아리랑고개다.

아리랑은 뭔가. 한이 부풀어서 아리랑이고 한을 삭여서 아리랑이다. 아리랑 장단에 맞추며 누구는 한을 곱새겼고 누구는 한을 다독였다. 한을 곱새기며 한을 다독이며 사무치는 한 세월 견뎠다. 가슴 터질 것 같은 한 세월을 건너갔다.

청학에서 봉래. 이름은 어찌 이리 선하고 고고한가. 고개 중의 고개라서 넘기도 전에 마음이 먼저 고꾸라지던 가풀막에 붙은 이름이 하필이면 푸른학 청학이고 신선이 산다는 봉래다. 이름이라도 선하고 고고하지 않으면 이 험애를 어찌 견뎠으랴. 이 험한 세상을 어찌 건너갔으랴.

영도는 부산에서 가덕도 다음으로 너른 섬이다. 봉래산을 가운데 두고 청학동, 동삼동, 신선동, 영선동, 남항동, 봉래동이 시계 방향으로 둘러싼다. 지금은 그렇단 이야기고 일제강점기 이전에는 좀 달랐다. 수군부대가 주둔하던 절영도, 그리고 청학동이 있었고 동삼동 옛 마을인 구룡동, 영선·대평·남항·봉래를 아우르는 영선동이 있었다.

얘기가 엇길로 새지만 구룡동은 뭘까. 지명에 단서가 있다. 구룡동 구 駒 는

영도 청학고개 전경. 청학동·동삼동과 영선동을 잇는 봉래산 산길 청학고개는 고개고개 눈물고개, 아리랑고개였다. 지금은 고될지라도 나중을 기약하고 오늘은 고될지라도 내일을 기약하던 희망의 고개이기도 했다.

망아지 구. 한자 생긴 거로도 대충은 짐작하겠지만 말을 키우던 마을이 구룡동이다. 지금 목장원이 있는 동삼동 일대다. 구룡동은 군부대 절영도진을 제외하고 인가가 가장 많았다. 상하로 나누어 상구룡동, 하구룡동이 있었다.

영선동에는 도선장이 있었다. 부산 시내로 가는 배를 타는 곳이었다. 도선장은 두 군데였다. 지금으로 치면 봉래동에 하나 있었고 대평동에 하나 있었다. 그때는 봉래동도 대평동도 다 영선동이었다. 봉래동 뱃머리는 목도 牧島 라 했고, 대평동 뱃머리는 주갑 洲岬 이라 했다. 영도 동쪽 사람은 봉래동 뱃머리를 이용했고, 서쪽 사람은 대평동 뱃머리를 이용했다.

영도 건너편 도선장은 지금의 롯데몰 부근에 있었다. 한 군데였다. 봉래동에서 출발한 배도, 대평동에서 출발한 배도 이리로 왔다. 도선장은 어시장과 붙어 있었다. 이 어시장은 자갈치시장과 달랐다. 지금처럼 영도대교와 충무동 사이에 있는 게 아니라 영도대교와 중앙동 사이에 있었다. 부산데파트 자리에 있었던 동광동시장의 모태쯤 된다.

도선은 2000년대도 다녔다. 대평동과 지금의 자갈치시장을 오갔다. 이 도선의 원조는 일본인이었다. 대평동에 있던 대풍포가 1926년 매축되자 사업권을 따낸 일본인이 운영했다. 전차 종점을 낀 대평동은 일본인 조선소가 많았고 자갈치는 일본인 거주지역 부평동 일대와 가까웠다. 도선 승객 대부분이 일본인이었을 것으로 짐작되는 대목이다.

'영도 도선 부활.' 대평동과 자갈치시장을 오갔던 도선은 중장년에게 추억이고 로망이다. 도선을 타는 이유는 저마다 달랐다. 영도다리가 막혀서 탔고 바닷바람을 쐬려 탔으며 연인과 시간을 보내려 탔다. 도선을 부활하자는 움직임이 있다. 부활한다면 일본인이 운영하고 주로 탔던 뱃길 대신 영도 사람이 타고 다녔던 원래 뱃길이 어떨까 하는 생각이 든다.

영선동 두 뱃머리는 영도 토박이에게는 궁극이었다. 일본인이 개발한 뱃길이 생기기 이전, 1934년 영도다리가 놓이기 이전 부산으로 가는 통로였던 봉래동과 대평동 뱃머리. 고깃배가 없는 영도 사람은 여기 뱃머리까지 걸어서 갔다. 고갯길 넘고 넘어 마지막 가닿는 종착이자 궁극이 영선동 두 뱃머리였다.

영도 아리랑고개는 영선동 뱃머리로 이어지던 봉래산 산길이었다. 봉래산 저쪽 청학동 사람이 넘었고 청학동과 맞닿은 동삼동 사람은 청학동으로 가서 넘었다. 청학동 사람에게도 고개는 고됐지만 동삼동 사람에겐 훨씬 고됐다. 안 그래도 고된 고갯길이 동삼동 사람에게는 고개고개 눈물고개, 아리랑고개였다.

동삼동 사람은 유독 짐이 많았다. 멀고 가파른 데다 짐까지 많아 이중고, 삼중고였다. 짐은 주로 동삼동 바다에서 잡은 어물이었다. 동삼동 포구 복징포에 복어가 넘쳐났듯 동삼동 바다는 어물이 널렸다. 동삼동 아낙은 저마다 어물을 한가득 이고서 고개고개 눈물 고개, 아리랑고개를 넘었다. 목청 좋은 누군가는 아리랑을 불렀을 테고 누군가는 따라 불렀으리라.

고개가 붐비는 날은 장날이었다. 지금 롯데몰 자리에 있던 어시장에도 어물을 내다 팔았겠지만 조선의 시장 범일동 부산장 장날이면 고갯길은 새벽부터 부산했다. 말 그대로 '부산스러웠다.' 지금은 고될지라도 나중을 기

대풍포 매축지 기념비

영도전차종점기념비

부산데파트 자리에 있었던 공설동광동시장 ⓒ김종수

약하며, 오늘은 고될지라도 내일을 기약하며 넘던 청학고개, 아리랑고개. 어물 대신 보릿자루 이고서 되넘던 아리랑고개는 오늘보다 나은 내일을 소원하는 희망의 고개였다.

방울꽃길. 장미계단길. 목련길. 참새미길. 청학고개는 이제 신수가 훤하다. 산길은 도로가 되어 부산 바다를 내려다본다. 하지만 청학고개로 이어지는 곳곳의 골목길은 여전히 비좁고 가파르다. 아리랑 한 소절 저절로 나오지 싶다. 다행히 골목길 이름은 하나같이 곱다. 방울꽃이 달랑대고 줄장미가 계단을 이룬다. 하루하루 고됐지만 심성은 하나같이 곱던 '영도댁' 같다.

〈부산항 시가도〉(1910년). 영도에서 부산 시내로 가는 두 갈래 뱃길을 붉은 점선으로 표기했다. ⓒ부경근대사료연구소

좀더 알아봅시다 / 부산의 옛 지명 이야기

"사중이 어디예요?"

"사중이 어디예요?" 이따금 부산의 옛 지명 이야기를 들려준다. 부산이 커지면서 서면은 상하로 나누어 서상면, 서하면이 되었고 낙동강 백사장 마을 사면 沙面 은 상중하로 나누어 사상면, 사중면, 사하면이 되었다고 하면 다들 눈빛이 반짝인다. 지금도 지명이 남아 있는 사상과 사하 유래를 접하는 까닭이다. 그러면서 묻는 게 사중 沙中 은 지금 어디냐는 거다.

어딜까. 1904년 발간한 〈경상남도 동래군 가호안 家戶案〉에 상세하게 나온다. 구한말 부산에 해당하는 동래군의 실태를 담은 일종의 부산 백서다. 거기에 나오는 사중면 마을은 모두 일곱이다. 다음과 같다. 숫자는 가구 수다. 가구를 세대라고도 하는데 세대는 일본말이다. 초량동 216, 영주동 95, 절영도 160, 청학동 6, 상구룡동 18, 영선동 10, 하구룡동 23.

초량은 왜관이 있어 가구가 많았다. 절영도는 수군 부대가 주둔했다. 상하로 나뉜 구룡동은 목장 마을이다. 나라에서 말을 키우던 국마장이 있었다. 말을 돌보며 먹고사는 집이 꽤 됐을 터. 상구룡동은 현재 동삼1동 일대 상리, 하구룡동은 동삼2동 일대 하리다. 동삼동은 동쪽 세 마을이란 뜻이다. 세 마을은 상리·중리·하리다. 상리는 웃서발 上西跋 , 하리는 아래서발 下西跋 이라 했다. 중리는 검정방우, 한자로 흑암 黑岩 또는 흑석암이라 했다.

1800년대 후반 〈동래부산고지도〉. 당대 부산을 정확하게 묘사한 지도로 사상, 사하, 서상, 서하 등의 면(面) 지명을 붉은색 사각형으로 표시해 식별이 용이하다. (국립중앙도서관)

구포 말등고개

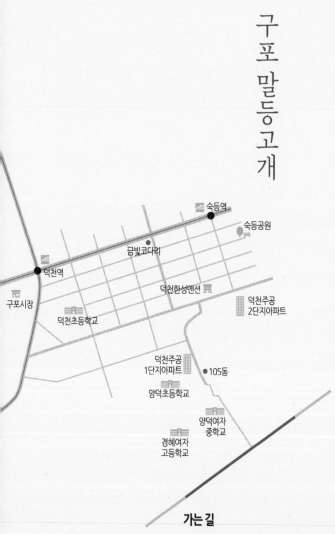

숙등역
숙등공원
금빛코다리
덕천역
덕천한성맨션
구포시장
덕천주공
2단지아파트
덕천초등학교
덕천주공
1단지아파트
●105동
양덕초등학교
양덕여자
중학교
경혜여자
고등학교

가는 길

도시철도 덕천역 9번 출구로 나올 것. 다비치안경 오른쪽으로 올라가
주공1단지 105동 뒤편 보광사와 양덕여중 샛길로 들어서서
산길을 계속 오르면 약수터 두 군데를 만난다. 거기를 지나면 말등고개다.
바로 옆에 체육공원과 주지봉 이정표가 있어 알아보기는 쉽다.

구포 말등고개는 말등처럼 생긴 고개다. 말등이 푹신하듯 고개가 푹신하다. 걷는 것도 푹신하고 보는 것도 푹신하다. 구포 진산인 주지봉 바로 아래 있어서 구포 어디에서도 엔간하면 보인다. 구포 사람의 너그러운 심성은 말등고개에서 비롯한다. 지나가며 간간이 봐도 마음이 푹신한데 매일매일 보는 구포 사람은 어련할까. 황소 잔등에 얹는 안장처럼 생겨 질매재라고도 한다. 잔등 안장이 질매.

이은호 선생은 구포 토박이다. 역시 심성이 너그럽다. 다쳐서 걷는 게 불편한데도 고갯길 안내에 선뜻 나선다. 이 선생에게 말등고개는 각별하다. 어릴 때 나뭇짐을 하러 넘었고 산딸기를 따 먹으러 넘었고 눈이 그치면 올가미로 토끼를 잡으러 넘었다. 대학과 ROTC 복무를 제외하고는 말등고개가 보이는 구포를 지켰다. 말등고개 아래 여고에서 국어 선생을 했으며 북구 낙동문화원 사무국장을 거쳐 지금은 구포역사문화연구소 소장으로 있다.

말등고개는 사통팔달 고개다. 고개에서 네 갈래로 갈라진다. 정상인 주지봉으로 가는 길이 있고 구포로 가는 길, 전통사찰 운수사가 명소인 모라로 가는 길, 만남의 광장을 지나 만덕으로 가는 길이 있다. 오일장 장꾼이 이 고개를 넘어 구포장이며 동래장에 다녔고 운수사 신도가 이 고개를 넘었다. 운수사 오가는 오솔길엔 한 돌 한 돌 쌓아서 산을 이룬 돌탑이 장관이다. 이은호 선생처럼 땔나무를 구하러 고개를 넘는 초동도 수두룩했다. 덕천동에서 고개 넘어 시랑골로 가면 나무가 널렸다. 구포3동 삼정고등학교 일대가 시랑골이다.

"음정골은 음침해서 못 가고 시랑골로만 다녔어요." 구포 일대는 무슨 골,

무슨 골 하는 지명이 지금도 꽤 쓰인다. 말등고개를 가운데 두고 이쪽은 어두침침한 음정골이고 저쪽은 나무가 많던 시랑골이다. 안 그래도 어두침침한 음정골은 제사 지내던 무당들이 터를 잡아 어린 이 선생에겐 더 무서웠다. 구포2동에서 말등고개로 이어지던 소당골은 폭포가 좋았고 구포1동엔 비석골이 있다. 말등고개는 이 모든 골을 품어서 구포 어디에서 봐도 대개는 보인다.

구포 말등고개. 말등처럼 생겼다. 고갯마루에서 구포, 모라, 만덕 등 네 갈래로 갈라진다. 모라 낙동강 재첩국이 이 고개를 넘어 구포로 왔고 초읍이며 구덕으로 갔다. 재첩국 한가득 담긴 양동이를 이고서 고개 넘던 어머니들이 있었기에 어제보다 나은 오늘이 있다.

구포시장에서 본 말등고개. 주지봉(왼쪽)과 영산(오른쪽) 사이 능선이 말등고개다. 굴뚝 오른쪽에 보이는 마을은 대리

그런 말등고개도 구포 진산 주지봉에는 한 수 아래다. 말등고개가 구포 곳곳의 골짜기를 품는다면 백양산이 뻗어 내리다 우뚝 솟은 주지봉은 말등고개를 품는다. 구포 진산이라는 명성이 그냥 얻어진 게 아니다. 말등고개가 말 잔등처럼 생겼다면 주지봉은 거미가 앉은 형상이다. 그래서 거미 주 蛛 거미 지 蜘, 주지봉이다. 능선 정상 바위는 낭바위. 신라 화랑이 여기서 수련했다는 이야기가 전한다. 장롱처럼 생겨 농바위라고도 한다. 오래 가물면 여기서 기우제를 지냈다.

구포 영산도 기념비적인 산이다. 말등고개를 가운데 두고 주지봉과 마주본다. 일제강점기 민족자본으로 구포은행을 세워 일제 자본에 맞섰으며 부산대 초대 총장 윤인구 박사의 부친인 윤상은 선생의 묘소가 있다. 영산은 고개 령을 써 영산 嶺山 이 본명이지만 당산을 품은 신령스러운 산, 영산 靈山 으로도 쓴다.

"치유와 위안을 이야기해 주세요." 고개에 얽힌 추억담을 이야기하던 이 선생이 한순간 숙연하다. 모라 재첩 아줌마 이야기가 나오면서다. 모라 낙

말등고개에서 본 구포

동강 재첩국은 이 고개를 넘어 구포로 왔고 초읍이며 구덕으로 갔다. 재첩국 한가득 담긴 양동이를 이고서 고개를 넘던 어머니들. 그들이 있었기에 어제보다 나은 오늘이 있다며 등이 구부러질 대로 구부러져 생을 마감했던 어머니들을 치유하고 위로하는 글을 당부한다.

'소 여인숙.' 이야기는 한우로 이어진다. 북구청 근처에 소 잡는 도살장이 번성하던 시절의 이야기다. 멀리서 온 소를 하룻밤 재우던 여인숙이 있었다. 하룻밤 재우는 이유는 물을 잔뜩 먹여 중량을 늘리려던 잔꾀에 대한 대처였다. 부위별로 나뉜 고기는 아주머니 함지박에 담겨서 말등고개를 넘었다. 재첩국 가득 채운 양동이보단 덜했지만 소고기 함지박도 꽤 무거웠다. 그 모진 세월을 견뎌낸 어머니들이야말로 그 시절 진정한 영웅이었다.

"물이 좋아서 자주 왔고 놀기 좋아서 자주 왔지요." 동행한 최동성 '우리소리 우리가락 어화둥둥' 대표에게도 말등고개는 각별하다. 어린 시절 고개 아래 약수터로 곧잘 왔다. 말등고개에서 운수사 방향으로 가는 길에서

구포3동 시랑골 자리를 가리키는 이은호 선생(왼쪽)·최동성 대표

들려준 구포 옛 노래는 여운이 오래간다. 예사로 듣는 소리가 아니었다. 뒤따라 걷는 내 어깨가 저절로 들썩댈 정도였다. 우리 어머니의 어머니, 아버지의 아버지도 그랬을 것이다. 앞 사람은 선창하고 뒷사람은 추임새를 넣으며 이 고개를 넘었을 것이다. 최 대표는 구포감동진별신굿이며 구포대리지신밟기 같은 구포 옛 노래의 복원과 재생, 공감대 넓히기에 앞장선다. 구포는 순박하다. 그 증명이 지명이다. 말등고개가 그렇고 무슨 골, 무슨 골이 그렇고 지금도 일상적으로 쓰이는 옛 지명이 그렇다. 감동진은 구포의 옛 지명이고 대리는 구포에서 가장 컸던 마을이다. 영산 아래 삼경장미아파트와 구포시장 사이에 있다. 당산도 여기 있다. 당산 옆 너른 공터에선 말을 키웠다. 키우는 말을 타고 넘던 고개라 해서 말등고개라는 이야기도 들린다. 이은호 선생은 시장에서 장사하는 사람이 주로 살았다고 회고한다. 장미아파트 뒤로 해서 영산을 거쳐 말등고개, 주지봉으로 가도 된다. 가파른 게 흠이다.

"말등고개가 순수한 우리말이듯 고개를 넘던 사람들도 참 순수했어요." 구포 사람과 모라 사람이 아침저녁 다녀 딴딴해진 옛길, 말등고개. 지금도 고개 능선에 올라서기 전까진 몇 번이나 쉬어서 갈 만큼 가파르다. 가파른 길을 짐까지 한 보따리 이거나 지고서 넘던 어머니를 생각하고 아버지를 생각하면 어디 가서 코로나 때문에 힘들다는 말 꺼내기도 남사스럽다. 그나저나 이 선생은 가파른 산길을 날아다닌다. 다쳤다는 사람이 맞나 싶다.

좀더 알아봅시다 / 운수사

부산에서 가장 오래된 목조건물

"부산에서 가장 오래된 목조건물입니다." 이은호 선생은 북구 토박이지만 사상구 모라동 전통사찰 운수사 雲水寺 도 훤하다. 사상구는 분구하기 전에는 북구였다. 오래된 절이라서 복원 공사를 하다가 상량문이 나왔다. 2014년 그때였다. 서까래 를 고정하는 장도리에 글이 600자나 쓰여 있었다. 그것을 판독하니 부산 최고로 오래된 목조건물이 운수사 대웅전이었다. 더 오래된 석조건물은 부산에 없으니 부산에서 가장 오래된 건축물이기도 하다.

운수사는 옛 지도에 꼭꼭 나온다. 그만큼 유서가 깊다. 그렇긴 해도 그동안은 1번 이 범어사 조계문이었고 2번이 장안사 대웅전이었다. 운수사 대웅전은 3번에 그 쳤다. 그러다 2009년 장안사에서 1657년 중수했다는 상량문이 발견되었다. 1694 년 중창한 것으로 알려진 범어사 조계문을 밀어내고 장안사 대웅전이 1번이 되었 다. 운수사는 여전히 3번이었다.

수사 상량문이 발견되면서 역사를 새로 썼다. 앞 둘을 밀어내고 운수사 대웅전이 1번으로 등극했다. 상량문이 발견되기 전까진 운수사 대웅전은 1600년대 중반 건 축물로 추정만 해 왔다. 상량문이 나오면서 연도가 구체적으로 밝혀졌다. 1647년 공사를 시작해 1655년 준공했다. 이로써 운수사는 부산 최고 건축물로 격상했다. 구포나 덕천동 사람이 운수사에 가려고 넘던 말등고개도 덕분에 1번 고개로 격상 했다. 비약하자면 그렇다는 이야기다.

1700년대 중엽 지도 〈지승〉. 왼쪽 한가운데 운수사가 보인다. (규장각)

대
티
고
개

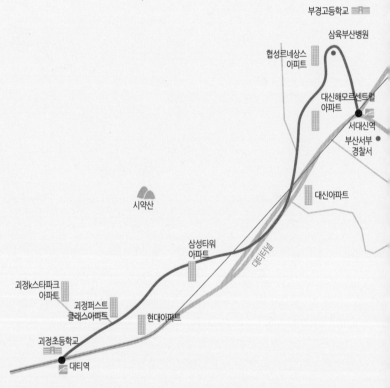

부경고등학교

삼육부산병원

협성르네상스
아피트

대신해모르센트럴
아파트

서대신역

부산서부
경찰서

대신아파트

시약산

삼성타워
아파트

대티터널

괴정k스타파크
아파트

괴정퍼스트
클래스아파트

현대아파트

괴정초등학교

대티역

가는 길

도시철도 1호선 서대신역 3번 출구로 나와 약국 옆 오르막길로 곧장 가면 된다.

고갯길 끝은 도시철도 대티역이다.

시내버스 2번, 96번, 113번과 서구 마을버스 3번과 3-1번이 다닌다.

고갯길은 초장부터 경사가 꽤 급하다. 포장된 지금도 숨이 찬데 그 옛날은 오죽했을까.

대티는 대범하다. 선이 굵다. 선이 굵어서 일희일비 그러지 않는다. 좋을 때도 덤덤하고 안 좋을 때도 덤덤하다. 좋다고 방방거리고 안 좋다고 질질거리는 나에게 대티는 과분한 고개다. 걸은 지 몇 분 지나지 않아 등짝에 땀이 배고 숨이 찬다.

좋았던 때를 생각한다. 대티가 좋았던 그때. 대티는 로마였다. 모든 길이 대티로 모였고 모든 길이 대티에서 비롯했다. 대티는 길의 처음이자 정점이었다. 100년 전, 200년 전 그때는 지도마다 대티를 떠받들었다. 지도마다 '대치, 대치' 그랬다.

대치는 대티 한자어. 큰 대大 언덕 치峙 를 썼다. 우뚝 솟은 언덕, 또는 높다란 고개였다. 대치에 들어선 마을 대치리도 큼지막했다. 집은 아랫마을 괴정보다 많았고 당리보다 많았다. 장림은 대치의 절반도 되지 않았다. 1904년 가구 수는 대치가 42, 괴정이 35, 당리 18, 장림 20이었다.

"말도 말우. 여기 지날 때는 코를 싸매야 했으니." 대티가 안 좋았을 때는 똥 구린내가 진동했다. 컨테이너선船 선장 출신인 이성훈 도시항해 선장에게도 그랬다. 고교 동기인 이 선장은 집과 학교 사이에 이 고개가 있어 하루 두 차례 오르내렸다. 초입은 괜찮다가도 고갯마루에 서면 그때부터 코를 싸매야 할 만큼 구린내가 진동했다.

대티는 서구 서대신동과 사하구 괴정동 사이 고개다. 괴정동 쪽에 분뇨처분장, 그러니까 분뇨처리시설이 있었다. 부산 시내에서 나온 똥물을 가득 실은 똥차가 매일매일 대티를 지나 괴정 분뇨처분장에 이르렀다. 똥물은 시멘트 하수관을 타고 하단 오거리 똥다리까지 갔다.

'위생약국, 삼육부산병원.' 서대신동 방면 대티고개 초입에서 만나는 약국 이름이고 병원 이름이다. 약국과 병원 이름이 따로 논다. 왜 그럴까. 삼육 병원 자리에 원래는 부산위생병원이 있었다. 부산에 큰 병원이 별로 없던 시절, 위생병원은 부산의 약손이었다.

"아, 그 병원!" 연세 지긋한 분은 위생병원 이름을 들으면 열에 아홉 향수에 젖는다. 고마운 감정일 수도 있겠다. 다들 못 먹고 못 입던 그때 이 병원 의료진은 어버이였고 누이였다. 한국전쟁이 나자 국제연합과 교회가 나서

대티고개 전경. 서대신동과 괴정을 잇는 대티고개는 사람도 다니고 말도 다닌 길이었다. 괴정 일대에 나라에서 말을 키우고 관리하던 국마성(國馬城)이 있었다. 지금도 그 흔적이 남아 있다.

고갯길 초입 위생약국과 삼육부산병원

서 서구 부용동에 1951년 세운 서울위생병원 부산분원이 전신이다. 1954
년 지금 자리에 신축해 이전했고 이듬해 부산위생병원이란 제대로 된 이
름을 얻었다. 2015년 삼육부산병원으로 개칭했다.

고갯길은 초장부터 경사가 꽤 급하다. 위생병원을 지나면서는 숨소리가
고르지 않다. 포장된 지금도 숨이 찬데 그 옛날은 오죽했을까. 사람도 헉헉
댔고 말도 헉헉댔으리라. 대티고개는 사람도 다니고 말도 다닌 길이었다.
괴정 일대는 나라에서 말을 키우고 관리하던 국마성 國馬城 이었다. 동주대
뒷산에 국마성 돌담이 비교적 온전하게 남아 있다. 부산박물관이 2016년
펴낸 <부산 성곽>에 돌담 사진이 나온다.

'여기 아름다운 승학산 기슭, 반세기 동안 수많은 인재를 양성하였던.' 초
장부터 급한 고갯길은 협성 아파트단지에서 꺾인다. 아파트단지 초입 빗

돌은 아파트 자리에 동아고등학교가 있었다고 밝힌다. 동아고. 반가운 이름이다. 내 모교가 근처에 있어 고교 시절 신경전을 꽤나 벌였던 기억이 난다.

오르막 고갯길이 한참 이어진다. 고개가 시작하는 도시철도 1호선 서대신역에서 고갯마루까지 버스 정류소가 네댓이나 된다. 보통은 하나, 기껏해야 둘인데 대티고개는 그 두 배다. 역시 대범하고 선이 굵다. 2차선 포장도로로 변한 고갯길 이쪽은 대단지 아파트 공사장을 가린 철제 담벼락. 좋았을 때도 덤덤했고 안 좋았을 때도 덤덤했던 대티고개는 여전히 덤덤하다. 그러나 철제 담벼락이 시야를 막은 지금은 그 속이 어떨지 가늠조차 안된다.

길이 갈라진다. 고갯길 가장 높은 데를 열 걸음, 스무 걸음 남겨두고 이쪽으로 가면 감천이고 저리 가면 괴정이다. 일종의 삼거리다. 감천 방향 길가에는 가게가 나란히 보인다. 그런데 간판이 좀 이색적이다. 고분도리 총각손맛, 고분도리 카페, 고분도리 협동조합. 온통 고분도리다.

"나무 바구니 같은 것 있잖아요, 고리짝. 여기가 고리짝 만들던 마을이래요. 그래서 고분도리라고 한다네요." 아리송은 하지만 이해는 된다. 그러려니 넘어간다. 고분도리 카페에서 땀을 식히며 들은 설명은 아무튼 그랬다. 카페 입구 안내판은 서대신

대티고개 정상 고분도리 카페

동 옛 지명이 고분도리라고 그런다. '고불'은 고리짝, '드르'는 들이니 '고리짝 만드는 들'이 고분도리란다.

드디어 고갯마루다. 급하게 휘어졌고 산비탈에 가려서 고갯마루 저쪽은 보이지 않는다. 다행히 산비탈 경사진 면에 방부목 계단을 놓아 안전하게 다니도록 했다. 계단을 오르자 옛날부터 있었지 싶은 나지막한 마을, 옛날부터 있었지 싶은 가느다란 골목길이 나타난다. 옛날부터 살았다는 아흔 할머니는 가느다란 골목길 저리 곧장 가면 대신동 꽃마을이고 이리 내려가면 괴정이라며 말씀을 보시한다.

'시악산 천마다리.' 마을 앞에 놓인 다리 이름이다. 말 조형물 장식이 다리

대티고개 천마다리. 조선시대 국마장을 상징하는 천마가 다리 난간에 보인다.

대티너널 입구. 터널 위가 대티고개다.

난간에 달려 있다. 옛 마을이 들어선 시악산과 하늘의 말 천마를 품은 다리다. 함께 나선 이성훈 선장 표정에 감회가 어린다. 돼지 사료 가득 실은 마차가 표정에 어리고 말 탄 기마경찰이 표정에 어린다. 어릴 때 풍경들이다.

괴정으로 이어지는 내리막길. 수월하다. 평지까지는 한달음인데 이 선장이 딱 멈춘다. 또 감회 어린 표정이다. 무슨 이야기를 꺼내려나. 여기가 어디라고 밝히면 아파트며 대지가 똥값 될지 모르니 어디라고 밝히지는 말아 달란다. 덩치는 산인데 속은 비단이다. 이 선장이 선 곳은 분뇨처분장

대티고개가 나오는 옛 지도 〈동래부산고지도〉.
맨 위에 보이는 대치(大峙)가 대티고개다.
(국립중앙도서관)

자리. 2차선 저쪽은 똥물 채우던 처분장이 었고 이쪽은 똥차 대기소였다. 여기서부터 하수관을 놓아서 하단 오거리까지 흘려보냈다.

부산 시내 사람은 대티고개를 지날 때면 고개를 숙여야 한다. 고마워서라도 그래야 하고 미안해서라도 그래야 한다. 똥 구린내 다 막아준 고개였고 똥물 다 받아준 사하였다. 대티고개가 바람막이가 되어주지 않았다면, 사하의 땅과 사하의 사람이 받아주지 않았다면 어느 누가 그걸 감내했을 것인가. 당신이 그랬을 것인가, 내가 그랬을 것인가. 그러거나 말거나 대티고개는 아무런 내색을 하지 않는다. 역시 대범하다.

좀더 알아봅시다 / 일제강점기 부산 분뇨 처리

송도어서 대티고개·하단으로

〈부산시의 분뇨처리〉. 부산환경공단이 펴낸 이 책은 부산 분뇨 糞尿 처리 130년
사다. 1930년대부터 현대에 이르는 부산의 근대적인 분뇨 처리시설 변천사, 발전
사가 소상하게 나온다. 1930년대 부산 분뇨의 최종 처리장은 송도가 인접한 남부
민동에 있었고 부산부가 직영했다고 밝힌다.

분뇨는 귀했다. '밥은 남 집에서 먹어도 볼일은 집에서 본다'라고 했다. 인분은 거
름의 으뜸이었다. 하지만 상황이 바뀌었다. 부산 인구가 늘면서 거름으로 쓰고도
분뇨가 남았다. 천지에 냄새가 진동했다. 남은 분뇨는 남부민동 분뇨처리장을 통
해 바다에 내버렸다. 그때가 1930년대였다.

인구는 계속 늘었다. 1936년에는 동래군 서면의 초읍, 가야, 당감, 전포 등지가 부
산부에 편입되었다. 수거해야 할 분뇨는 더 많아졌다. 송도에 해안도로가 생기고
일본인 휴양지가 들어서면서는 남부민동 분뇨처분장에 쏟아지는 눈초리가 하루
하루 따갑고 매서웠다. 더 외지고 더 너른 곳으로 옮겨야 했다.

대티고개 너머가 그럴싸했다. 고개 너머는 조선인 거주지였다. 부산에서 주인 행
세 하던 일본인은 좋아라 했다. 1937년 부산부는 분뇨와 쓰레기 처리장 이전 예산
38만 엔을 조선총독부에 요청했고 뜻대로 되었다. 이로써 대티고개와 하단에 제
1, 제2 분뇨 저류조 설비가 들어섰다. 시설은 1938년 설치, 1939년부터 운영에 들어
갔다.

괴정 분뇨처분장의 분뇨 투입 장면.(1981년, 부산일보 DB)

망미고개

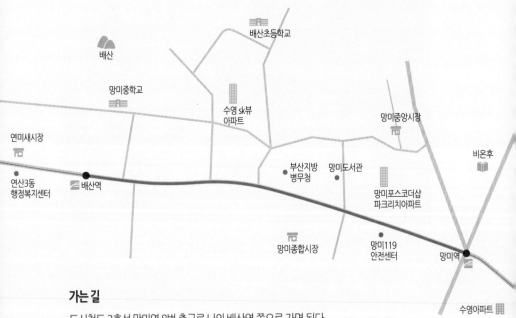

가는 길

도시철도 2호선 망미역 8번 출구로 나와 배산역 쪽으로 가면 된다.

시내버스 5, 5-1, 20, 36, 51, 57, 62, 63, 131, 141번이 다닌다.

병무청 주차장에 있는 통일신라 추정 우물과 배산 자락 전통사찰 영주암 등이 명소다.

망미고개를 넘어서 양정 하마정으로 계속 가면 동래 정씨 시조 묘로 모시는 정묘가 나온다.

미 美 는 아름다움. 이 세상에 하나뿐일 수도 있는 지고하고 지순한 아름다움. 미는 어디에 있는가. 어디에 있어서 누구나 바라보게 하는가. 그러나 미는 어디에나 있고 어디에도 없다. 어디에나 있고 어디에도 없는 지고지순이 미다.

망미 望美 는 아름다움을 바라보는 것. 어디에나 있고 어디에도 없는 아름다움을 바라보는 것. 그리하여 누구는 눈으로 보고 누구는 마음으로 본다. 눈과 마음이 어찌 다르랴. 어디에나 있는 아름다움과 어디에도 없는 아름다움이 어찌 다르랴.

아름다움은 모두 지극하다. 눈으로 보는 아름다움이 지극하고 마음으로 보는 아름다움이 지극하다. 이 세상 하나뿐인 당신이 그렇다. 눈으로 보는 당신이여. 마음으로 보는 당신이여. 어디에나 있고 어디에도 없는 당신이야말로 지극하다.

망미고개는 지극하다. 지극한 당신을 찾아서 넘는 고개다. 한달음에 넘기가 아쉬워 쉬엄쉬엄 넘고 곧바로 넘기가 아쉬워 굽이굽이 넘는다. 당장은 보이지 않아도 걸음걸음 당신이 있고 당장

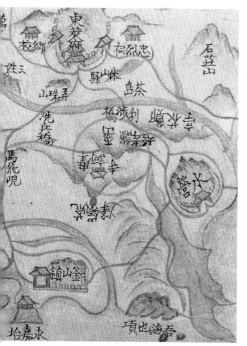

망미고개가 나오는 〈영남읍지〉동래부지도(1894년). 지도 가운데 배산(盃山)과 마하사(摩訶寺) 사이 붉은 실선이 망미고개다. 고려 정자 정과정이 그 옆에 보인다. (규장각)

은 닿지 않아도 굽이굽이 당신이 있다.

어느 시인이 당신을 썼다. 강물 풀리면 배를 타고 당신은 오리라고. 당신
은 오지 않더라도 편지는 오리라고. 그 시인보다 나는 열 배나 백 배나 행
복하다. 당신과 나 사이에 강물은 얼지 않았으니. 이 고개만 넘으면 당신이
보이리니. 당신에게 닿으리니.

망미고개 전경. 지극한 아름다움을 찾아서 넘는 고개다. 어디에나 있으나 어디에도 없는 당신을 찾아서 누구는 수영에
서 이 고개를 넘고 누구는 연산이나 양정에서 이 고개를 넘는다. 오른쪽에 부산병무청과 배산 산자락이 보인다

시인도 안다. 강물은 여전히 얼었고 강물 풀려서 배가 다녀도 당신도, 편지도 오지 않으리란 걸. 알면서도 시인은 기다리고 다음 날 또 기다린다. 오지 않는 당신이 아름답듯 오지 않는 당신, 보이지 않는 당신을 기다리는 시인은 또 얼마나 아름다운가.

나도 안다. 고개를 넘어도 당신이 보이지 않으리란 걸. 고개 너머 당신이 있지 않으리란 걸. 그걸 알면서도 망미를 넘고 또 넘는다. 누군가는 그런 나를 아름답게 볼 수도 있으리라. 설령 그렇다면 그 아름다움마저 당신에게 모두 드린다. 그리하여 더욱 지극해질 당신.

내 생각이 잘못일 수도 있다. 당신은 고개 너머 있는 게 아니라 고개 이쪽이나 저쪽에 있을 수 있지 않은가. 또는 방금 지나온 길에 있을 수도 있다. 보이는 아름다움이든 보이지 않는 아름다움이든 그것이 고개 너머 있다고만 생각한 나는 얼마나 아둔한가.

고개 양쪽은 산. 이쪽 산은 금련산, 저쪽 산은 배산. 이름 끝 자가 산인 나까지 산 셋이 고개 하나를 두고 망연자실이다. 앞으로만 보던 시선을 거두고 옆으로도 보고 뒤로도 본다. 지극한 아름다움을 놓치지나 않았는지. 진정으로 소중한 그 무엇을 지나치지나 않았는지 봤던 데를 또 본다.

금련산과 배산은 여러모로 가깝다. 고개 하나를 두고 마주보는 거리가 그렇고 내력이 엇비슷한 이름이 그렇다. 노을에 물든 산이 금빛 연꽃을 닮아 금련산 金蓮山 이고 뒤엎은 술잔처럼 생겨서 배산 盃山 이다. 술을 사랑하는 이라면 어느 누가 금빛 연꽃 산봉우리를 앞에 두고 술잔 들지 않으랴.

저 산 어딘가에 있지 싶은 당신. 당신이 술잔 들면 나는 연꽃 노을로 물들

금련산 둘레길에서 본 배산. 술잔을 뒤엎은 형상이다.

리. 당신이 연꽃 노을로 물들면 나는 술잔 들리. 가장 붉고 가장 진한 술을
담아 한 잔은 나에게, 한 잔은 당신에게 건네리라. 한 잔은 보이는 나에게,
한 잔은 보이지 않는 당신에게.

망미고개 이쪽 끝과 저쪽 끝은 수영과 연산 또는 양정. 수영에서 이 고개
를 넘어 연산이나 양정으로 가고 연산이나 양정에서 이 고개를 넘어 수영
으로 간다. 그러나 그 끝이 어찌 수영에만 이를 것이며 연산이나 양정에만

이를 것인가. 아름다움을 바라보고 걷는 망미. 망미고개의 끝은 아름다움이며 지극한 아름다움인 당신이다.

'내 님이 그리워 우나니 산 접동새와 나는 비슷하요이다.' 지극한 당신을 노래한 천 년 전 시인도 이 고개를 넘었다. 시인은 고갯길 외따로 떨어진 수영강 강변 정자에서 지냈다. 그가 지은 고려가요 정과정곡은 망미가 望美歌 였다. 이 세상 오직 하나뿐인 지극한 당신을 그리워하는 노래였다. 고개 너머엔 할아버지 묘소가 있었다. 성묘하러 고갯길 넘던 시인의 발소리, 숨소리는 지금도 고갯길 곳곳에 스며 있다.

천 년을 사이에 두고 지금 여기 시인도 고갯길 넘는다. 천 년 전 그때나 천 년 후 지금이나 달라진 건 없다. 고갯길 산은 여전히 배산이고 산을 바라보는 마음은 여전히 아련하다. 천년 세월. 달라진 것이 왜 없겠는가마는 같게 보면 같고 다르게 보면 다른 것. 보이는 것도 그렇고 보이지 않는 것도 그렇다.

보이는 당신. 보이지 않는 당신. 어디에나 있고 어디에도 없는 당신. 있다면 당신은 어디에 있는가. 고개 양쪽 산인가. 고개 이쪽 끝 수영 또는 저쪽 끝 연산이나 양정인가. 아니면 그 모두의 너머인가.

없다면 어디에 없는가. 고개 양쪽 산인가. 고개 이쪽 끝 수영 또는 저쪽 끝 연산이나 양정인가. 아니면 그 모두의 너머인가. 있는 데도 거기고 없는 데도 거기인 당신. 그리하여 당신은 어디에나 있고 어디에도 없다. 어디에도 없고 어디에나 있다.

망미고개는 지극한 아름다움을 찾아서 넘는 고개. 어디에도 없으나 어디

에나 있는 당신을 찾아서 누구는 수영에서 이 고개를 넘고 누구는

연산이나 양정에서 이 고개를 넘는다.

고개와 고개를 이어서, 시대와 시대를 이어서,
사람과 사람을 이어서 당신과 나, 그리고 우리의 삶은 그렇게
면면히 이어진다.

배산 영주암에서 본 망미동 일대. 오른쪽 산자락이 금련산.

부산의 고급문화, 조선 500년보다 앞서다

망미고개는 옛 지도에 드물게 나온다. 지도를 제작하는 사람이 망미고개가 얼마나 중요한지 인지하지 못했거나 무지한 탓이었지 싶다. 망미고개 자체가 없었던 건 아닐까. 그런 의문도 들겠지만 그건 아니다. 고갯길은 분명 있었다.

고갯길이 있었다는 근거는 뭘까. 수영구 망미동과 부산진구 양정동의 친족 같은 관계가 그 근거다. 망미동은 옛 지도에 '옛날 동래 터'나 '고읍성 古邑城 '으로 나온다. 조선시대 이전엔 망미동이 동래였다는 이야기다. 부산을 대표하는 성씨인 동래 정씨 세거지 역시 여기가 아니었을까, 나는 짐작한다.

동래 정씨에게 양정동은 하늘과 같았으리라. 고려사람 정문도 묘소인 정묘 鄭墓 가 양정에 있었다. 지금도 있다. 정문도는 '내 님이 그리워 우나니'로 시작하는 고려가요 정과정곡을 쓴 정서 鄭敍 의 증조부. 동래 정씨 시조는 아니었지만 오랫동안 그렇게 알고 있었다. 한참 후에 2세조란 사실이 밝혀졌지만 여전히 시조 모시듯 모셨다. 제사나 명절 때면 망미에서 양정으로 가는 동래 정씨 성묘객이 줄을 이었음은 불문가지다.

정묘는 조선 팔대 명당에 들었다. 전주 이씨, 안동 김씨 다음으로 정승 많이 나온 게 명당 덕이라고 했다. 묘소 양쪽엔 800년 배롱나무 두 그루가 지킨다. 둘 다 국가지정 문화재인 천연기념물이다. 묘소 입구에는 하마비를 세웠다. 정묘를 지날 때는 말에서 내려 걸어가란 엄명이었다. 하마비는 누가 보든 안 보든 지킬 건 지키던 조선의 정신이었다. 정묘는 양정 화지공원에 있다. 부산시교육청 부근이다. '정과정곡'은 국보급. 고려가요 가운데 유일하게 지은이가 알려져 있다. 고려 임금 과 동서지간이었던 정서는 동래로 유배 와 '정과정'이란 정자를 짓고 지냈다. 근처 에 있는 증조부 묘소 정묘를 수시로 찾아 쓰라린 마음을 달랬으리라. '정과정곡'이 조선보다 앞선 고려 고전문학의 백미인 만큼 정묘와 정묘를 굽어보는 800살 배롱 나무를 조선 500년보다 앞선 부산의 고급문화로 내세울 만하다.

양정 화지공원의 정묘와 천연기념물 배롱나무. 정묘에 묻힌 이는 고려가요 '정과정곡'을 쓴 정서의 증조부다.

동길산 시인

부산에서 태어나 초중고와 대학을 부산에서 나왔다.
1989년 무크지 〈지평〉으로 등단했으며 〈꽃이 지면 꽃만 슬프랴〉 등의 시집과
〈어렴풋, 당신〉 등의 산문집, 그리고 한국 신발 100년사 〈고무신에서 나이키까지〉를 내었다.
국제신문·부산일보·한국일보에 부산의 길, 부산의 포구, 부산의 등대, 부산의 비석, 부산의 고개 등을 연재했다.
2020년 김민부문학상을 받았다.
dgs1116@hanmail.net